Birgit Nolte-Schuster

DIESER LUXUS LOCKTE SCHMUGGLER

und weitere Ereignisse
in preußischer Zeit zwischen Saar und Mosel

Abbildung aus einer Werbeanzeige der Tabak- und Zigarrenfabrik Jakob Kockler, Püttlingen.
Das Motiv wurde nachträglich koloriert.

Birgit Nolte-Schuster

DIESER LUXUS LOCKTE SCHMUGGLER

und weitere Ereignisse in preußischer Zeit zwischen Saar und Mosel

SCHAUMBERG

Impressum

Bibliografische Informationen der Deutschen Nationalbibliothek: Die Deutsche Nationalbibliothek verzeichnet diese Publikation in der Deutschen Nationalbibliografie; detaillierte bibliografische Daten sind im Internet abrufbar über: http://dnb.d-nb.de

ISBN 978-3-910306-15-8

Brunnenstraße 15, 66646 Marpingen, Telefon 06853 502380
info@edition-schaumberg.de, www.edition-schaumberg.de

1. Auflage, September 2024

Autorin: Birgit Nolte-Schuster

Titelbild: Aus: Handbuch des Bistums Trier: Trier 1912.
Beratung, Buchgestaltung, Satz: Thomas Störmer
Korrektorat: Stefan Blasius
Gesamtherstellung: Edition Schaumberg, Marpingen
Schrift: Alegreya
Druck und Weiterverarbeitung: TZ Druck und Verlag

FÜR GÜNTER, DAVID UND ALEXANDER

VORWORT

Oeffentlicher Anzeiger,
Nº. 15. Coblenz, den 3. Juli 1830.
(Beilage zu Nr. 26. des Amtsblatts)

Jakob Heno von Dorlar, geboren am 10. November 1762 ist schon seit vierzig Jahren abwesend, ohne Nachricht von seinem Leben oder Aufenthalt zu geben.

Auf Antrag der Töchter seiner verstorbenen Halbschwester, der Susanna des Peter Schusters Frau und der Anna Maria Schaub von Wetzlar, wird derselbe oder seine etwaigen Leibes-Erben hiermit aufgefordert, innerhalb der peremtorischen Frist von drei Monaten und spätestens in dem auf Montag den 27. September d. J. anberaumten Termin sich dahier zu melden, als widrigenfalls das unter vormundschaftlicher Verwaltung stehende Vermögen den genannten Präsumtiverben gegen eine mit dem siebenzigsten Lebensjahr des Verschollenen erlöschende Caution überlassen wird.

Atzbach, den 19. Juni 1830.

Königlich Preußisches Justiz-Amt.
Diesterweg.

Edictalladung.

Johann Jost Brück, Sohn des Friedrich Brück von Erda, geboren am 22. April 1787, hat seine Heimath vor 28 Jahren verlassen, ohne bisher Nachricht von seinem Leben oder Aufenthalt zu geben. Auf Antrag seiner Brüder Christian und Peter Brück wird derselbe oder seine etwaigen Leibes-Erben hierdurch aufgefordert, in drei Monaten und spätestens in dem auf den 23. September dieses Jahres anberaumten Termin, sich zu melden und zur Empfangnahme des unter vormundschaftlicher Verwaltung stehenden Vermögens im Betrage von 290 Thaler dahier zu legitimiren, als widrigenfalls solches den genannten Präsumtiv-Erben, gegen eine mit dem 70sten Lebensjahre des Verschollenen erlöschende Caution, überlassen wird.

Hohensolms, den 31. Mai 1830.

Fürstlich Solmsisches Justiz-Amt.
C. Diesterweg.
vid. Laubenthal, Actuar.

Edictal-Citation.

Auf Antrag der Wittwe Johann Brück von Erda, Namens ihrer Kinder, wird der am 16. Dezember 1784 in Erda geborne Peter Brück, des Philipp Brücken Sohn, der seit dem Jahre 1804 seine Heimath verlassen und keine Nachricht von seinem Leben oder Aufenthalt gegeben hat, oder dessen Leibes-Erben, hierdurch aufgefordert, innerhalb drei Monaten, und namentlich in dem auf

den 23. September d. J.

anberaumten Termin dahier so gewiß sich zu legitimiren, als widrigenfalls das unter vormundschaftlicher Verwaltung stehende Vermögen des Verschollenen den Kindern des Johann Brück gegen eine nach 15 Jahren erlöschende Caution überwiesen wird. Hohensolms, den 31. Mai 1830.

Fürstliches Justiz-Amt.
C. Diesterweg.
vid. Laubenthal, Actuar.

Edictal-Citation.

Wenn die am 13. April 1782 geborne und seit dem Jahre 1804, unbekannt wo, abwesende Anna Maria Schäfer von Erda, oder deren etwaige Leibes-Erben in dem auf den 23. September d. J. anberaumten Termin zur Empfangnahme des vormundschaftlich verwalteten Vermögens von 202 Thaler sich nicht dahier legitimiren, so wird solches, gesetzlicher Vorschrift gemäß, den dahier bekannten nächsten Erben der Verschollenen, nämlich den Geschwistern:

1) Karl Schäfers Wittwe,
2) Johann Schäfer und
3) Conrad Läufers Wittwe von Erda, und
4) Georg Schaude Wittwe von Altenstätten,

gegen eine nach fünfzehn Jahren erlöschende Caution überlassen.

Hohensolms, den 31. Mai 1830.

Fürstlich Solmsisches Justiz-Amt.
C. Diesterweg.
vid. Laubenthal, Actuar.

Der Simon Häuser zu Wienau beabsichtigt die von Christ. Theis allda im Jahr 1828 erbaute oberschlägige Oehlmühle an den s. g. Steinebach in einer Entfernung von 7 Minuten von ihrem gegenwärtigen Standpunkte, nach einem dahier vorliegenden Plane zu verlegen.

Es werden daher alle diejenigen, welche durch diese Veränderung Gefährdung ihrer Rechte befürchten, hiermit aufgefordert, ihre Widersprüche innerhalb 8 Wochen, präclusivischer Frist, sowohl bei dem Unterzeichneten als bei dem Bauherrn selbst, vorzubringen.

Dierdorf, den 4. Juni 1830.

Der Fürstlich Wiedische Bürgermeister,
Marmé.

Der bisher am Donnerstag nach Martini zu Heimbach abgehaltene sogenannte Kommersdorfer Markt ist zufolge höherer Bewilligung künftig, und schon mit gegenwärtigem Jahre anfangend auf Donnerstag nach Michaelis verlegt.

Wenn Michaelis auf einen Donnerstag fällt, wird der Markt am Donnerstage der folgenden Woche abgehalten. Engers, den 24. Juni 1830.

Der Bürgermeister,
Scheidweiler.

Öffentlicher Anzeiger vom 3. Juli 1830 als Beilage zum Amtsblatt der Königlichen Regierung zu Coblenz; 26. Jahrgang 1830.

Es war die Suche nach möglichen Informationen zur Auswanderung im 19. Jahrhundert, die anfangs die Quellenarbeit in den Amtsblättern der königlich-preußischen Regierung begleitete. Die Mühe sollte belohnt werden, denn für 1847 fanden sich in den amtlichen Mitteilungen die Namen und ebenso die Herkunftsorte von Auswanderern aus der Saar-Mosel-Region, die dann in Algerien verstorben waren.

Doch nicht nur dieser wichtige Hinweis auf ein kurzzeitiges Migrationsgeschehen machte die Sichtung der zahlreichen Amtsblätter, die zudem eine wesentliche Quelle des vorliegenden Bandes darstellen, so überaus lohnenswert. Gerade durch die Vielfalt der Mitteilungen zu Begebenheiten, Rechtsverordnungen, Marktpreisen oder auch Fahndungsaufrufen oder Ausweisungen von Ausländern entwickelte sich eine Vorstellung davon, wie die Lebenswelt der Menschen, insbesondere vor dem Hintergrund der veränderten politischen Verhältnisse, in der ersten Hälfte des 19. Jahrhunderts möglicherweise ausgesehen hat. Denn nach dem Wiener Kongress 1815 und der Auflösung des bis dahin französischen Saardépartements mit seinen vier Arrondissements, namentlich Birkenfeld, Prum, Sarrebruck und Trèves, hatten sich die territorialen Zugehörigkeiten grundlegend geändert. Große Teile des Gebietes gingen an das Königreich Preußen, nur die Kantone Waldmohr, Blieskastel und in Teilen Kusel kamen im Mai 1816 an das Königreich Bayern. Zudem hatten sich Preußen und Österreich darauf geeinigt, dass große Teile des vormaligen Arrondissements Birkenfeld nunmehr drei Fürsten zuerkannt wurden. So fielen sechs Dörfer des Kantons Kusel an den Herzog von Sachsen-Coburg-Saalfeld, ebenso wie Teile von St. Wendel und Baumholder und verschiedene Dörfer der vormaligen Kantone Grumbach, Tholey und Ottweiler. Das übergangsweise als *Herrschaft Baumholder* bezeichnete Gebiet wurde im September 1816 in Fürstentum Lichtenberg umbenannt. Weitere Fürsten, die von den Beschlüssen des Wiener Kongresses profitierten, waren der Landgraf von Hessen-Homburg, der den Kanton Meisenheim erhielt und der Großherzog von Oldenburg. Letzterer konnte dadurch teils ganz oder in Teilen die Kantone Herrstein, Birkenfeld, Hermeskeil, Wadern, St. Wendel, Baumholder und Rhaunen mit der neuen Bezeichnung Fürstentum Birkenfeld seinem Einflussbereich zuführen.

Die administrative Neugliederung nach 1815 bezog auch das Rheinland und Westfalen mit ein. Hierbei wurde die Provinz Jülich-Kleve-Berg mit den Regierungsbezirken Köln, Düsseldorf und Kleve und die Provinz Niederrhein mit den Regierungsbezirken Aachen, Koblenz und Trier neu eingeteilt. Beide Provinzen wurden 1822 unter dem Namen *Rheinprovinz* zusammengefasst.

Zum Regierungsbezirk Trier gehörten dabei die Kreise Bernkastel, Bitburg, Daun, Merzig, Ottweiler, Prüm, Saarbrücken, Saarburg, Saarlouis, St. Wendel und Wittlich sowie der Stadt- und Landkreis Trier. Der Sitz des Oberpräsidenten kam nach Koblenz, während der Provinziallandtag und die kommunale Selbstverwaltung Düsseldorf zuerkannt wurden.

Von besonderer Bedeutung für die rheinischen Provinzen war sicherlich ihr Widerstand und die Ablehnung der preußischen

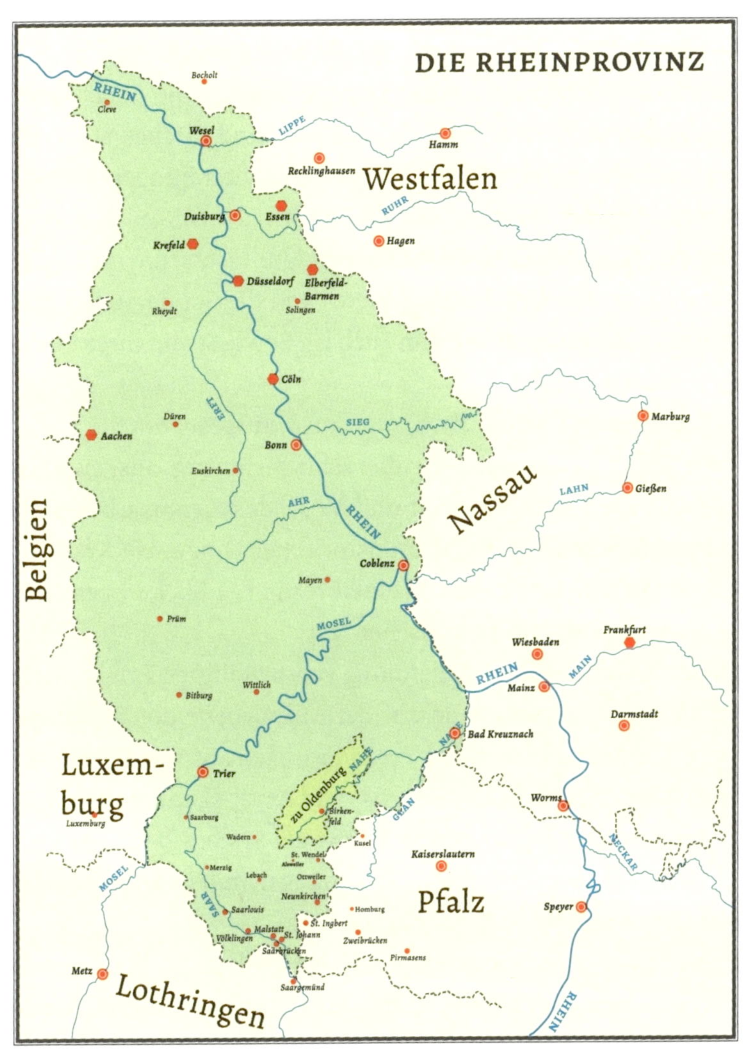

Karte der Rheinprovinz nach dem Wiener Kongress 1815. © Thomas Störmer.

Städteordnung. Die dadurch mögliche Beibehaltung der französischen Munizipalordnung (Kommunalordnung) beließ somit ein Abgabenverfahren, bei dem auch Adel und Kirchen steuerlich veranschlagt und ungerechtfertigte Steuerbefreiungen beseitigt wurden. Mit der Duldung des *Rheinischen Rechts* 1818 als Fortführung des französischen *Code Civil* erfolgte insofern eine Zweiteilung des preußischen Rechtsgebietes und die Sonderstellung der Rheinprovinz sollte sich fortan auch im Bewusstsein ihrer Bewohner verdeutlichen.

Vor diesem, wenn auch nur kurz aufgespannten, historischen Rahmen ermöglichen die schlaglichtartig ausgewählten Begebenheiten zwischen Saar und Mosel das Herausarbeiten der Geschichtlichkeit scheinbar unhistorischer Dinge wie Krankheit oder Ernährung und geben so einen vertieften Blick in den Alltag der Menschen dort in preußischer Zeit.

Durch die konkrete Benennung von beteiligten Personen thematisieren die Geschichten auf der Mikroebene die Wirkungen von politischen und sozialen Veränderungen auf Formen des Umgangs mit den alltäglichen Lebens- und Arbeitsbedingungen.

Auch der Frage, inwieweit Kultur als System bewusster und unbewusster Wertehaltungen das Alltagshandeln anleiten kann, wird an besonderer Stelle nachgegangen.

An dieser Stelle freue ich mich, verschiedenen Personen für ihre vielfältige Unterstützung bei der Herausgabe dieses Bandes zu danken. Als großer Glücksfall erwies sich sicherlich die Möglichkeit, dazu den Verlag Edition Schaumberg und Thomas Störmer als Partner gewinnen zu können. Durch die hohe fachliche Kompetenz in der gestalterischen Umsetzung und die umsichtige Begleitung des Manuskriptes konnte in der Zusammenarbeit ein ansprechendes Ergebnis erzielt werden. Hilfreich war auch die Unterstützung von Dr. Paul Burgard vom Landesarchiv des Saarlandes, der mit Hinweisen zu einzelnen Ereignissen die Einordnung in ihren historischen Kontext beförderte. Ebenso Dank an Stefan Blasius, der für das Korrekturlesen der Texte verantwortlich war. Auch allen nicht namentlich Erwähnten sei für ihre Unterstützung herzlich gedankt.

Zuletzt möchte ich meinem Mann Günter Schuster und meinen Söhnen David und Alexander danken. Ihre kontinuierliche Bestärkung, ebenso wie ihre kritischen Anregungen haben dem Schreibprozess wichtige Impulse gegeben.

Hannoversch Münden, im August 2024
Birgit Nolte-Schuster

INHALT

I. Wirtschaftliche Maßnahmen und ihre Auswirkungen

DIESER LUXUS LOCKTE SCHMUGGLER

Eine Zuckerrohrplantage in den Tropen. Das Mark der sechs Meter hohen Halme enthält bis zu 18 Prozent Zuckersaft.

Zucker war bis zur Mitte des 19. Jahrhunderts ein begehrter Luxusartikel. Während die einfachen Leute Honig zum Süßen nahmen, verwendete derjenige, der er sich leisten konnte, das *weiße Gold*. Der von den Zuckerrohrplantagen in Übersee importierte Süßstoff durfte hierzulande bei der reichen Teegesellschaft nicht fehlen.

Erst mit der kostengünstigeren industriellen Herstellung aus Rüben um 1825 in Schlesien wurde Zucker auch für breitere Bevölkerungsschichten erschwinglich. Dreißig Jahre später war er zu einem alltäglichen Lebensmittel geworden, doch bis dahin erschien der Schmuggel mit Zucker oder anderen Genussmitteln noch vielerorts gewinnversprechend.

So machte eine Grenzpatrouille des königlich-preußischen Hauptzollamtes Saarbrücken am Abend des 10. Februar 1827 am Schwarzenberg bei St. Johann einen umfangreichen Schmugglerfund. Vier Säcke Kaffee von 37 Pfund, zwei Pakete Kandiszucker von 14 Pfund und 24 Zuckerhüte mit einem Gewicht von einem Zentner und 75 Pfund waren ... *zum Teil im Schnee versteckt oder an den Bäumen hängend* zurückgelassen worden. Einen Tag später entdeckten Grenzbeamte an der Straße nach Forbach ... *zwei unbekannte Schleichträger, welche bei Annäherung der Beamten die Flucht ergriffen, ohne von diesen habhaft gemacht worden zu sein.* Etwa 400 Schritte von der Straße entfernt wurden die Zöllner dann in einem Graben fündig. Dreizehn Fässer mit französischem Wein konnten von ihnen sichergestellt werden. Gemäß der Zollordnung vom 26. Mai 1818 und im Auftrag des königlichen Steuer-Direktors von

Schütz wurden per öffentlicher Bekanntmachung alle diejenigen aufgefordert, ... *sich mit ihren Ansprüchen binnen vier Wochen bei uns zu melden, und ihr Eigentumsrecht ingleichen die erfolgte Verzollung der vorbedachten Waren nachzuweisen, widrigenfalls mit deren Confiscation [= Einziehung], so wie mit Verrechnung des Erlöses verfahren werden wird.*

Nach dem Zweiten Pariser Frieden am 20. November 1815 und der Übernahme von weiteren Teilen des ehemals französischen Saardepartements durch Preußen war nur noch das Monopol für Salz und Spielkarten sowie die Stempelhoheit beim Staat belassen worden. Der Binnenhandel sollte durch eine einheitliche Besteuerung zwischen Stadt und Land befördert und die einheimische Wirtschaft durch teilweise hohe Zölle an den äußeren Landesgrenzen geschützt werden.

Für einen Zentner ausländischer Tabaksblätter mussten beispielsweise vier bis fünf Taler an Steuern bezahlt werden, während für den einheimischen Tabak nur ein Taler veranschlagt wurde. Zwar gab es verschiedene Handelsverträge zwischen den deutschen Staaten, doch erst mit der Bildung des Deutschen Zollvereins am 1. Januar 1834 konnte ein einheitliches Zoll- und Handelssystem geschaffen werden. Nunmehr war zwischen Preußen und den 17 weiteren Vereinsstaaten, wie Württemberg und Sachsen, ein zollfreier Warenverkehr möglich. Daneben wurden Ausgleichsabgaben wegen der unterschiedlichen Verbrauchssteuern festgelegt.

In Preußen selbst waren mit dem Gesetz vom 8. Februar 1819 verschiedene indirekte Steuern neu geregelt worden. Zu diesen

Abgaben zählten die Steuern für Branntwein, Braumalz, Wein und Tabak sowie die Schlacht- und Mahlsteuer. Eine Besteuerung der Weine beispielsweise erfolgte nach aktualisierten Güteklassifikationen der jeweiligen Lagen.

Auch war im weiteren Verlauf der Neuregelungen auf Antrag der Rheinischen Provinzial-Stände am 28. September 1834 der Beschluss gefasst worden, dass ein Weinbauer nur dann gewerbesteuerpflichtig einzustufen sei, wenn er auch als Gastwirt oder Weinhändler tätig wäre. Ansonsten sollte der Wein nach der Lese in die Hebelisten der Gemeinden eingetragen werden und der bis zum 1. Mai des darauffolgenden Jahres verkaufte Wein versteuert werden. Im Weiteren wurde den Weinbauern ... *eine Befreiung von der Steuer von dem Haustrunke bewilligt und dabei das Quantum des Haustrunkes auf fünf Eimer, nach Abzug von 15 Prozent des Brutto-Gewinnes an Wein für jeden steuerpflichtigen Weinbauer bestimmt [...].*

Im Bezirk des Hauptzollamtes zu Saarbrücken waren zu dem Zeitpunkt 69 Gemeinden mit Weinbau registriert. Im Jahre 1842 erwirtschafteten sie einen Bruttogewinn von 7.594 Eimern und 27 Quart an Wein und entsprechend der Klassifikation in die 5. und 6. Kategorie fielen dafür 1.947 Taler Weinsteuer an.

Als weitere indirekte Steuer wurde nach der Aufhebung des staatlichen Monopols die Tabaksteuer erhoben. Hier legte die gesetzliche Regelung fest, dass derjenige, der eine Grundfläche von mehr als fünf Quadratruthen mit Tabak bepflanzt hatte, davon für jeden Zentner getrockneter Tabaksblätter einen Taler an Steuer entrichten musste. Im Jahre 1822 wurde das Gesetz dann dahin gehend abgeändert, dass die Tabaksteuer nun nicht mehr von dem Tabakbauern, sondern von dem Käufer bezahlt werden sollte.

Im Kreis Merzig bauten im Jahr 1842 sieben Gemeinden auf annähernd 27 Morgen Land Tabak an, im Kreis Saarbrücken waren es zehn Gemeinden mit 45 Morgen Anbaufläche und im Kreis Saarlouis verteilte sich der Tabakanbau auf 297 Morgen Land in 35 Gemeinden. Insgesamt wurden 1.149 Taler an Tabaksteuer entrichtet und sie fiel damit im Vergleich zu anderen Anbaugebieten, etwa dem Kreis Wittlich mit einem Steueraufkommen von 1.050 Talern in 15 Gemeinden, eher gering aus. Wirtschaftlich interessanter war da sicherlich die im Tabakhandel verwendete »Müllerdose«. Mathias Adt, der die Bannmühle des Klosters Wadgassen bei Ensheim übernommen hatte, entwickelte um 1780 diese Tabaksdose aus Pappe. Sie wurde anfangs von der Landbevölkerung im Winter im Nebenerwerb hergestellt und dann in großer Zahl nach Saargemünd ausgeführt.

Rechte Seite: Tabakpflanze Nicotiana tabacum. Ihre Heimat ist Südamerika, sie wird aber in allen Erdteilen angebaut. In Europa ist der erste Tabakanbau im Jahre 1559 in Lissabon durch den Franzosen Jean Nicot nachweisbar.

INFOBOX

DIE PREUẞISCHEN HOHLMAẞE

nach der neuen Maß- und Gewichtsordnung vom 16. Mai 1816

1 Fuder	=	4	Oxhoft	≈	824,400	Liter
1 Oxhoft	=	1 ½	Ohm	≈	206.100	Liter
1 Ohm	=	2	Eimer	≈	137,400	Liter
1 Eimer	=	2	Anker	≈	68,700	Liter
1 Anker	=	30	Quart	≈	34,350	Liter
1 Quart				≈	1,145	Liter

VON PUDDELÖFEN UND FRISCHFEUERN

Porträt Friedrich Philipp Stumm. *Aus: Stummalbum.*

Die Einschätzung der preußischen Regierung zur Situation der Eisenindustrie im Jahre 1849 klang verhalten optimistisch: *Die Eisenindustrie ist der bedeutendste Gewerbsbetrieb im Regierungsbezirke. [...] Die Abnahme des Holzes, ... ungünstige Conjucturen, besonders aber die ausländische Konkurrenz haben diesem wichtigen Zweige der Industrie sehr geschadet. Die Intelligenz und Tätigkeit der Hüttenherren haben dagegen durch Benutzung der neueren Erfahrungen in der Hüttenkunde, besonders durch Anwendung der Dampfmaschinen, die Concurrenz des Auslandes zu besiegen gestrebt, um sich den bedeutenden Absatz zu sichern.*

Für 1843 waren in den Kreisen Merzig, Ottweiler, Saarlouis und Saarbrücken zehn Eisenhütten aufgeführt. Etwa die Hälfte von ihnen verfügte über Dampfmaschinen, beispielsweise um das Hochofengebläse zu betreiben. Als eine der sechs Hütten im Kreis Saarbrücken ist das Eisenhütten- und Hammerwerk Halberg in Brebach bezeichnet. Im Mai 1827 hatte das königlich-preußische Oberbergamt die Genehmigung zum Betrieb des Werkes mit drei Großhämmern, vier Frischfeuern, zwei Kleinhämmern mit *doppeltem Geschläge* und einem Schneide- und Walzwerk erteilt. Insgesamt wurde die Anlage mit zwölf ober- und zwei unterschlägigen Rädern betrieben, die ihr Wasser aus dem Schleider Bach erhielten. Der ersten Betreibergesellschaft gehörten an Friedrich Philipp und Christian Stumm mit ihren Söhnen Carl und Wilhelm, ebenso Thomas und Christian Röchling, sowie die Witwe von Heinrich Braun aus St. Johann. Im Jahr 1843 waren nur noch die Gebrüder Friedrich Philipp und Ferdinand Stumm als Besitzer aufgeführt. Auch das Eisenhütten- und Hammerwerk zu Fischbach war von beiden am 31. August 1825 erworben worden. Für diese Anlage hatte das Königliche Oberbergamt in Saarbrücken die Konzession erteilt mit der Auflage, … *dass die Erzgewinnung ohne regelmäßige Baue (zum Beispiel bei Duckelbauen)*

a) in Hochwaldungen 25–30 Jahre,

b) in Niederwaldungen 8–10 Jahre vor der Fällung, jedoch nur nach vorheriger Genehmigung der Königlichen Forstbehörde gestattet ist.

Ebenfalls in den Besitz der Gebrüder Stumm ging im Dezember 1826 die bis dahin unter *landesherrlicher Verwaltung* stehende Eisenhütte in Geislautern. Das Werk verfügte über zwölf Puddelöfen *(von engl. to puddle = durchrühren)* und fünf Schweißöfen, eine Luppenpresse, eine Luppenwalze, einen Großhammer, zwei Platinenwalzen, eine Platinenschere und vier Frischfeuer. Das Puddelverfahren war 1784 in England durch Henry Cord erfunden worden und es diente bis zur Entwicklung anderer Verfahren, beispielsweise dem von Henry Bessemer 1855 oder dem Siemens-Martin-Verfahren 1864, als Methode zur Stahlerzeugung. Dabei wurden durch das sogenannte *Frischen* Kohlenstoff und andere schädliche Beimengungen des Roheisens, wie etwa Kiesel, Phosphor und Schwefel, entfernt. Diese Entkohlungsarbeit erfolgte im Puddelofen, einem Flammenofen, bei dem das Roheisen auf dem Puddelherd zum Schmelzen gebracht wurde. Mit einer Krücke durchrührte der Puddler das Eisen und beseitigte die aus kieselsaurem Eisen gebildete Schlackendecke. War das

Eisen genügend gefrischt, wurde es zu Ballen (Luppen) vereinigt und aus dem Ofen genommen. Im Luppenwalzwerk erfolgte das anschließende Auswalzen des Puddeleisens zu Stäben. Durch die Erhitzung bis zur Weißglut wurden im Schweißofen die restlichen Schlacken entfernt und das Eisen konnte als Schmiedeeisen nunmehr weiterverarbeitet werden. Bei einer geringeren Entkohlung des Roheisens *(0,6–2 Prozent Kohlenstoff)* entstand Schweißstahl (Frischstahl). Eine Übersicht von 1845 über alle auf der Mosel ins Ausland ausgeführten »geschmolzene Eisen in Stangen und Eisenbahnschienen« gibt über 36.500 Zentner an, während annähernd 50.000 Zentner Roh- und Gusseisen im eigenen Land verblieben. Gleichzeitig wurden 1845 zur Herstellung des Eisens über 742.000 Zentner Erz auf der Mosel aus dem Ausland eingeführt.

Im Zuge der Privatisierung der Eisenhütte zu Geislautern wurde das dortige Bergamt aufgelöst. Fortan nahm allein das Bergamt zu Saarbrücken mit seinem Direktor Sello die Angelegenheiten der Hütten in der Region wahr. So auch die Versteigerung der im Bestand der Geislauterer Hütte übernommenen 246.000 Pfund Eisen- und Gusswaren, die am 7. Juni 1827 ... *zu Geislautern in der Wohnung des Obergeschworenen Erdmenger ...* zum Aufruf kamen.

Ein weiteres Eisenwerk im Kreis Saarbrücken war der im Jahr 1849 aufgeführte Rohstahlhammer *Jägersfreude*, der vormalige *Plettinhammer*. Als Eigentümergesellschaft waren Georg Schmidtborn, Thomas und Christian Röchling und die Witwe von Heinrich Braun, alle aus Saarbrücken, sowie Georg Gouvy und die

Witwe von Heinrich Gouvy aus Metz eingetragen. Ein Bestandsprotokoll vom 15. Januar 1834 nennt für das Werk zwei Rohstahlhämmer mit zwei Wasserrädern und drei Rohstahlfeuer mit drei doppelten Spitzbälgen, welche durch drei Wasserräder betrieben

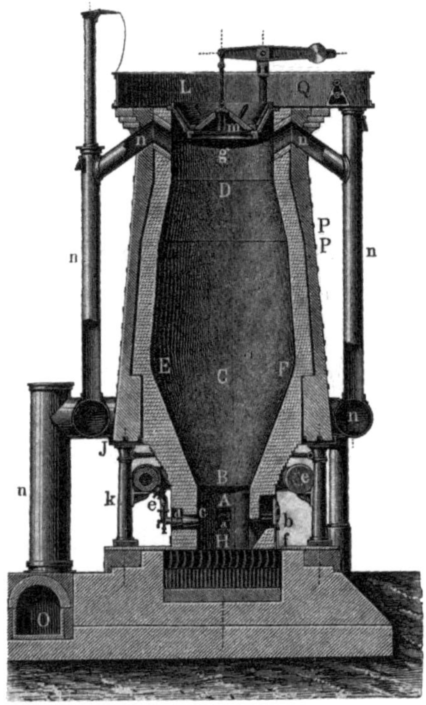

Hochofen im Querschnitt. Um eine passende Schlacke zu erzielen, bedarf es zum Eisenerz entsprechender Zuschläge wie Kalk, Gips, Flussspat oder Quarz. Die Verschmelzung geschieht im Gebläseschachtofen, dem sogenannten Hochofen.

wurden, sowie einen Flammenofen. Da am 29. März 1786 durch Graf Ludwig zu Nassau-Saarbrücken nur eine grundsätzliche Genehmigung für den Betrieb der Eisenhütte erfolgt war, legte das preußische Innenministerium mit Wirkung vom 7. Februar 1834 detaillierte Richtlinien für das Werk fest. So wurde bestimmt, dass ... *die fünf oberschlägigen Räder ihre Aufschlagewasser aus dem, am rechten Ufer des Sulzbaches gelegenen und damit verbundenem, dem Werk eigentümlichen Hüttenteiche [beziehen]*. Dabei war es ausdrücklich untersagt, den Wasserlauf oder das Gefälle zu verändern. Für die Befeuerung des Flammenofens war festgelegt worden, dazu nur Steinkohlen aus den Königlichen Gruben zu verwenden. Etwas mehr als drei Taler kostete zu der Zeit ein Fuder (30 preußische Zentner) Steinkohle und zusätzlich wurde ein Ladegeld in Höhe von durchschnittlich fünf Groschen pro Fuder erhoben. Für das Jahr 1801 ist im Kreis Saarlouis die Gründung einer Kupferschmelz- und Weißblechfabrik durch die *Anonyme Gesellschaft zu Dillingen* belegt. Das Werk wurde mit einem Kapital von 650.000 Talern gegründet und verfügte über sechs Frischfeuer und vier Zinnerei-Fertigungen. Eine Dampfmaschine mit 48 PS setzte acht Paar Blechwalzen in Bewegung. Im Jahr 1840 produzierten dort 200 Arbeiter annähernd 36.000 Zentner schwarzes Eisenblech und 16.000 Zentner verzinntes Kupferblech.

Annähernd 15.000 Zentner Roheisen fertigten die 20 Arbeiter des mit einem Hochofen ausgestatteten Eisenhüttenwerkes Bettingerschmelze im Kreis Saarlouis im Jahr 1840 für die Dillinger Blechfabrik. Auch die sechzehn Arbeiter im Eisenhüttenwerk zu

Münchweiler, einem Werk mit einem Großhammer und zwei Frischfeuern, produzierten das Stabeisen für diese Fabrik.

Insgesamt weist eine Statistik für das Jahr 1846 mehr als 1.000 Beschäftigte in den Eisenwerken der Saarregion aus. Für den Kreis Saarbrücken ist die Zahl mit 236 Personen und für den Kreis Ottweiler sind 400 Arbeiter angegeben. Im Kreis Saarlouis sicherten sich 450 Arbeiter ihren Lebensunterhalt im Bergbau oder damit verbundenen Unternehmen.

Wie überall im Land traf die schlechte Ernte in den Jahren 1846/47 auch diese Menschen und ihre Familien schwer. Erfreulich war darum die Mitteilung des preußischen Oberbergamtes über die Bemühungen und Anstrengungen vieler Bergwerks- und Hüttenbesitzer, *... ihre Arbeiter auf mannigfache Weise, ganz besonders durch Verteilung von Brot, Mehl, Kartoffeln und anderen Nahrungsstoffen ... zu unterstützen.* Insbesondere im Bergamtsbezirk Saarbrücken wurden die Hüttenbesitzer Stumm zu Neunkirchen, Schmidtborn und Comp. zu Goffontaine [Saarbrücken-Schafbrücke] und die Gesellschaft der Dillinger Werke am 11. Mai 1847 wegen ihrer *hervortretenden Bemühungen in dieser Sache* ausgezeichnet.

Rechte Seite: Blick auf das Herzstück der Neunkircher Hütte im Jahr 1865. Die Abbildung zeigt das sogenannte Puddelwerk, wo Roheisen zu Stahl veredelt wurde. *Aus: Stummalbum.*

STAATLICHE STEUERN AUF STEMPEL UND SPIELE

Salon-Skatkarten. Altenburger Preußisch Doppelbild von 1900.
Vereinigte Altenburger und Stralsunder Spielkartenfabrik ASS Nr. 90.

Es war für die preußische Justiz kein Kavaliersdelikt und Friedrich Loch aus Oberkirchen bekam ihre Haltung bezüglich seiner Zuwiderhandlung deutlich zu spüren. Am 4. Juli 1846 wurde der fünfzigjährige Maurer wegen *Stempelsteuer-Contravention* zu acht Tagen Gefängnis verurteilt. Schon unter der französischen Verwaltung war entsprechend dem Gesetz vom 3. November 1798 eine Stempelsteuer eingeführt worden. Alle offiziellen Papiere, zum Beispiel für Zivil- oder Gerichtsverhandlungen, mussten auf entsprechendem *Stempelpapier* niedergeschrieben werden. Für die verschiedenen Bereiche waren unterschiedliche Sorten von Stempelpapier, jedes mit einem entsprechenden Preis, vorgeschrieben. Die Stempelgebühr bei einem kaufmännischen Wechsel wurde diesbezüglich der aufgeführten Summe festgelegt. Ebenso unterlagen die öffentlichen Bekanntmachungen und Ankündigungen einer Stempelabgabe.

Nach der Übernahme der linksrheinischen Gebiete durch Preußen 1815 wurde neben dem Salzmonopol auch die staatliche Hoheit für Stempel und *Enregistrement (Einschreibungen)* grundsätzlich beibehalten. Durch ministerielle Bestimmungen, insbesondere hinsichtlich eines Geltungsbereiches für den gesamten preußischen Staat, erfuhr das Stempelgesetz im Laufe der Zeit jedoch entsprechende Anpassungen.

So legte die Verordnung vom 1. Juli 1821 beispielsweise veränderte Richtlinien für Spielkarten fest. Fortan war der freie Handel mit gestempelten Spielkarten nicht mehr gestattet und auch die Stempelung von druckfrischen Blättern oder Altbeständen in den

Hauptstempeldepots war nun untersagt. Vielmehr sollten von diesem Termin an nur noch zwei Spielarten staatlicherseits angeschafft und zu feststehenden Preisen gehandelt werden. Zum einen das französische Kartenspiel mit 52 Blättern, die in drei Sorten zu zwölf, zehn oder acht Groschen das Spiel verkauft werden sollten. Als zweites Spiel sollten Tarot-Karten *(deutsch: Tarock)* mit 78 Blättern, ebenfalls in drei Sorten zu einem Taler und zwölf Groschen, beziehungsweise einem Taler und 16 Groschen pro Spiel für den Handel freigegeben sein. Die Ausgabe der Spielkarten lag in der Hand der Königlichen Steuerämter und sie sollten *unverzüglich einen angemessenen Vorrath davon erhalten*. Gleichzeitig erging die amtliche Aufforderung, die noch im Umlauf befindlichen Spielkarten bis zum 30. Juni 1821 bei den Ortsbürgermeistern, Landräten oder Polizeidirektoren abzuliefern. Die Gültigkeit des Artikels 11 des Stempelgesetzes in der Fassung vom 20. November 1810 blieb bestehen. Er besagte, dass der Handel mit ungestempelten Spielkarten mit zehn Talern Strafe belegt war. Denunzianten, die auf Missbräuche aufmerksam machten, wurde die Hälfte der gesetzlichen Strafe als Provision in Aussicht gestellt. Auch der Handel mit Stempelpapier und Spielkarten ohne Erlaubnis der Provinzial-Regierung war Privatpersonen verboten. Dem Hauptsteueramt in Saarbrücken oblag die Verwaltung der damit zusammenhängenden Verbrauchssteuern. Ihm untergeordnet war seit 1819 das Hauptzollamt Saarbrücken, welches als *Special-Hebestelle* auch den Stempelhandel und die Salzfaktorei beaufsichtigte. Insgesamt umfasste der Steuerbezirk 24 Bürgermeistereien, darunter Arnual, Gersweiler, Ludweiler, Saarbrücken und Völklingen, sowie die Gemeinden Dudweiler und Neuweiler. Daneben waren verschiedene *Ober-Kontrollbezirke* eingerichtet worden, so der zu Lisdorf, Hemmersdorf, Ottweiler und Merzig. Letzterer war auch die *Steuer-Receptur und Stempeldebitstelle zu Lebach* mit einem Gebiet von 5,3 Quadratmeilen *(1 Quadratmeile entspricht etwa 5.673 Hektar)* zugeordnet. Im Jahre 1838 versah hier Peter Schommer die kommissarische Steuerverwaltung für die Bürgermeistereien Lebach und Bettingen. Für Heusweiler und Sellerbach war das Amt dem *Super-Numerarius* Traub übertragen worden. Insbesondere nach der Bildung des Zollvereins 1832 galt es, die verschiedenen Vorschriften und Beschränkungen zwischen den Zollvereinsstaaten zu beachten. So war die Einfuhr von Spielkarten aus den anderen Vereinsstaaten nach Preußen verboten. In Preußen selbst verboten waren aber auch die auf den Jahrmärkten verbreiteten Glücksspiele, zum Beispiel Würfelspiele, und die Polizeibehörden waren angewiesen, im Falle der Nichtbeachtung rigoros vorzugehen.

Seitens der staatlichen Behörden genehmigt war dagegen die Teilnahme an einer Lotterie und diese, *sowohl die Classen- oder Holländische Lotterie, als die Genuesische oder Zahlenlotterie, ist seit Jahrhunderten benutzt worden, um die Thorheit im Interesse des Staates zu besteuern und auszubeuten,* wie ein preußischer Landrat 1846 feststellte. Schon seit 1769 bestand unter Fürstbischof Clemens Wenzeslaus eine *Kurfürstlich Trierische Zahlenlotterie* in Koblenz und in Dillingen an der Donau. Der Genueser Graf Bollo hatte sie errichtet. Im Jahre 1777 erschien ein *Lotterie-Calender der gnädigst priviligirt und mit Gulden 100.000 garantierten Churfürstlich-Trierischen-Zahlen-Lotterie in Coblenz und Dillingen für's Jahr 1777.* In dieser Übersicht wurden die, in den Jahren 1769 bis 1777 gezogenen Nummern mit den entsprechenden Spielarten und Gewinnquoten angegeben. Auch während der französischen Zeit blieb diese Zahlenlotterie bestehen und die Lotterieeinnehmer in Trier und Saarbrücken unterstanden dem *inspecteur d'arrondissement* in Metz. Mit Aufnahme der preußischen Verwaltungstätigkeit in der Rheinprovinz wurde die Zahlenlotterie jedoch ganz aufgehoben und nur noch die Anteilslose der Klassenlotterie ausgegeben. Dadurch, dass im Weiteren einzelne aufgegebene Lotterieannahmestellen nicht wieder besetzt wurden, verringerte sich ihre Anzahl deutlich. So verfügte Ende 1847 der preußische Regierungsbezirk Trier nur noch über einen Königlichen Lotterieeinnehmer in Trier mit fünf Untereinnehmern, darunter einem in Saarlouis. Neben den staatlichen Lotterien wurden zu wohltätigen Zwecken aber auch private Ausspielungen und Tombolas genehmigt. So erteilte das preußische Innenministerium am 27. Dezember 1834 dem Trierischen Frauenverein *sowie jedem der übrigen Frauenvereine in unserem Bezirk* die Erlaubnis, eine öffentliche Lotterie von selbst gefertigten Sachen zur Unterstützung der örtlichen Armen zu veranstalten. *Zur Beförderung der von ihnen verfolgten wohlthätigen Zwecke* konnten die *Ausspielungen oder die Ausstellung der zu verlosenden Gegenstände durch die Zeitungen oder sonstige öffentliche Blätter* bekanntgemacht werden, eine Verbindung mit einer weiteren in- oder ausländischen Lotterie war jedoch nicht zugelassen.

Akkrobaten auf einem Jahrmarkt. Glücksspiele waren verboten.

DIE FÖRSTER IM WALDE

Der sogenannte Ansitz. Von der Kanzel kann der Jäger das Wild beobachten oder erlegen.

Für Friedrich Stephany begann der September 1838 überaus erfreulich. Dem kommissarischen Gemeindeförster von Illingen und Uchtelfangen wurde diese Stelle *definitiv und auf Lebenszeit* übertragen. Mit seinen Kollegen in Hasborn und Thalexweiler war Stephany für die mehr als 6.200 Morgen *(1 Morgen = 0,25 ha)* Wald im Kreis Ottweiler zuständig, die gemäß der königlichen Verordnung vom 24. Dezember 1816 von den Kommunen selbst verwaltet werden mussten. Annähernd 22.000 Morgen Gemeindewald waren in den Kreisen Saarbrücken und Saarlouis zu betreuen. Insgesamt sechzehn Förster versahen hier beispielsweise in Gersweiler, Auersmacher, Hülzweiler oder Hüttersdorf ihren Dienst. Sie alle unterstanden einem Gemeindeoberförster, der in Saarwellingen wohnte.

Im Kreis Merzig lagen mehr als 24.000 Morgen Wald in der Verantwortlichkeit eines Oberförsters. Weitere zwölf Förster in einzelnen Gemeinden, so in Düppenweiler, Reimsbach, Brotdorf und Weiskirchen, unterstützten ihn in seiner Tätigkeit. Dazu gehörte neben der Verwaltung der Gemeindewaldungen auch die Bewirtschaftung der Gemeindelohhecken. Dies waren Niederwaldbaumbestände, die nach 15 bis 30 Jahren in größeren Flächen oder auch vollständig abgeerntet wurden. Nachfolgende Stockausschläge aus den im Boden verbliebenen Stümpfen sicherten den Fortbestand der insbesondere für die Gerberei wichtigen Eichenlohhecken.

Im Jahre 1827 betrug der Umfang der Gemeindewaldungen im gesamten Regierungsbezirk Trier annähernd 410.000 Morgen.

Dieser verteilte sich auf 227.000 Morgen Hochwald, 84.000 Morgen Mittel- und 107.000 Morgen Niederwald. Mit Nadelholz waren 8.100 Morgen Wald bestückt. Der Ertrag aus 9.700 Stämmen Nutzholz, 55.000 Klaftern Eichen- und Buchenholz sowie 14.700 Zentnern Lohe belief sich im Jahre 1827 auf 120.000 Taler.

Neben den kommunalen Forsten und den Privatwaldungen *(mehr als 243.000 Morgen Wald)* umfassten die königlichen Waldungen gut ein Viertel der gesamten Waldfläche im Regierungsbezirk Trier. Im Zuständigkeitsbereich der Forstinspektion Saarbrücken lagen dabei sechs Oberförstereien. Die in Neunkirchen war mit 22.000 Morgen Wald die Größte. Hier versahen ein Oberförster, sechs weitere Förster und fünf Hilfsaufseher ihren Dienst. Zusammen mit dem Personal aus den anderen Oberförstereien St. Wendel-Baumholder (7.340 Morgen), Lebach (9.208 Morgen), Holz (16.314 Morgen), Karlsbrunn (20.434 Morgen) und Saarbrücken (15.357 Morgen) waren mehr als 50 Forstbedienstete für die *herrschaftlichen Waldungen* zuständig.

Einer von ihnen war der *versorgungsberechtigte Corps-Jäger* Wilhelm Hoos, der am 29. Juli 1847 als königlicher Förster in Ludweiler in der Oberförsterei Karlsbrunn angestellt wurde. Über den königlichen Förster Karl Dietrich zu Ludwigsberg bei Saarbrücken war im April 1847 in der amtlichen Personalchronik zu lesen, dass er nach Quierschied versetzt worden war. Auf seine Stelle folgte ihm der Förster Philipp Dietrich aus Geislautern nach.

Zu den Aufgaben der Förster gehörte auch die Jagd auf die vielerorts lebenden Wölfe. Für das Jahr 1846 ist dazu der Abschuss von zwei Wölfen in der Oberförsterei Karlsbrunn belegt. Der Hilfsaufseher Dürrfeld in Ludweiler und der Förster Barthel aus Friedrichsweiler erhielten dafür jeweils zwölf Taler Prämie. Auch in den Oberförstereien Geislautern und Lebach waren die Wölfe ein Problem. Hier konnten sich im Laufe des Jahres 1831 die Förster Fries aus Differten und Desquiotz aus St. Nikolaus sowie der *Communalförster-Gehülfe* Johann Reimarth aus Fremersdorf die Prämie für ein erlegtes Tier sichern. Für den Privatförster Baumstümmler aus Überherrn fiel der Geldbetrag um zwei Taler geringer aus. Er hatte den Wolf gefangen. Der Schusswaffengebrauch der Forst- und Jagdbeamten war grundsätzlich im Gesetz vom 31. März 1838 näher festgelegt. So war nur der Hirschfänger, die Flinte oder Büchse als Waffe bestimmt, wobei letztere nur mit Kugeln oder Schrot geladen sein durften. Nicht angewendet werden durften die Waffen gegen einen *auf der Flucht befindlichen Frevler ... mit Ausnahme des Falles, wenn derselbe nach seiner Ergreifung zum thätlichen Widerstande übergeht.* Dabei sollten jedoch *lebensgefährliche Verwundungen* vermieden werden.

Die Verwaltung dieser Waldungen war der Abteilung für *die direkten Steuern, die Domainen und Forsten* im preußischen Finanzministerium zugeordnet. Die Forstkassen-Rendantur für die Oberförsterei St. Wendel-Baumholder befand sich in Baumholder mit einem Untererheber in St. Wendel. In Ottweiler wohnte der Untererheber Baur, der bis zu seinem Ausscheiden am 1. Februar 1832 für die Oberförsterei Neunkirchen zuständig war. Sein Nachfolger im Amt war der Steuereinnehmer Zimmer aus Ottweiler. Der

Sitz der Forstkasse für die übrigen Oberförstereien war in Saarbrücken. Dort wurden vom Rendanten Debray bis zu dessen Tod 1832 die *Forstgefälle* eingezogen. Zu diesen zählten unter anderem die Abgaben für die Waldweide, ebenso wie die Heidemiete. Auch die Gelder aus dem Verkauf von Torf, Steinen und Waldfossilien sowie die Pacht für die Jagdbenutzungen flossen in die Erträge aus der Forstnebennutzung ein.

Im gesamten Regierungsbezirk Trier erzielte dabei ein Morgen Wald in der Oberförsterei Saarbrücken mit einem Taler und 14 Silbergroschen den höchsten Durchschnittssatz an Ertrag. Demgegenüber standen die Kosten für die Besoldung, die zwischen 500 und 800 Talern im Jahr für einen Oberförster ausmachten. Das Gehalt eines der vier Forstinspektoren lag zwischen 1.000 und 1.200 Talern jährlich und das eines Forstrichters *für die Aburteilung der Forstfrevel* war mit 924 Talern festgelegt.

In seinen Ausführungen zum Holzdiebstahlsgesetz vom 7. Juni 1821 hatte die preußische Regierung eine *Holztaxe zum Gebrauche bei Untersuchungen und Bestrafungen der Holzdiebstähle* eingeführt. Mittels verschiedener Kategorien wie beispielsweise der *Taxe für Bau-, Werk- und Nutzholzstangen* wurde fortan der Wert von entwendetem Holz bestimmt. Ebenso war der Diebstahl von Borke, Laub und grünem Reisig unter Strafe gestellt, und die Magd Anna Lay aus Obervölklingen musste wegen eines solchen Vergehens im Juli 1846 einen Tag im Gefängnis verbringen.

Rigoros geahndet wurde auch die Nichteinhaltung der Jagdgesetze. Dies widerfuhr der Magd bei Johann Klein in Sulzbach,

Barbara Scherer, als sie während der Hegezeit einen geschossenen Rehbock verkaufen wollte. Das Polizeigericht zu St. Johann verhängte über sie am 18. Mai 1836 eine Geldstrafe von fünf Talern, ersatzweise fünf Tage Gefängnis. Doch auch der respektvolle Umgang mit dem Forstpersonal wurde von staatlicher Seite eingefordert und der 21-jährige Tagelöhner Matthias Becker aus Bliesransbach sollte deshalb im März 1837 eine viertägige Gefängnisstrafe antreten. Sein Vergehen lautete: *Beleidigung eines Forsthüters im Dienst.*

Das Forsthaus am Deutschmühlenweiher bei Saarbrücken.
Postkarte um 1900.

VOM HUNSRÜCK NACH BRASILIEN

Alle Brauereien in Brasilien sind deutschen Ursprungs. Hier das Etikett eines Rauchbieres mit dem sinnigen Namen »Eisenbahn« aus Blumenau im Bundesstaat Santa Catarina.

Der 31. Oktober 1857 markierte einen Meilenstein im Leben einer kleinen Gruppe von Auswanderern aus dem Hunsrück. Zusammen mit seiner Frau und den sechs Kindern trat der Ackerbauer Johann Peil aus Dorsheim (Landkreis Kreuznach) an Bord des holländischen Schiffes *Twee Vrienden* die Fahrt nach Brasilien an. Auch Ignatz Delly aus Spahrücken gehörte mit seiner Familie zu der 88-köpfigen Auswanderergruppe, ebenso wie die aus Damscheid stammenden Peter, Johann und Catharina Dietrich sowie Peter Rieckes und Johann Link mit ihren Familien. Aus Sponheim hatten sich die Schumacher Peter und Philipp Neutzling mit Frau und Kindern und der Zimmerermeister Peter Hoffmann die Überfahrt nach Rio Grande do Sul gesichert, ebenso der Achatbohrer Christian Bohrer mit Familie und Caroline Jörg, alle gebürtig aus Idar.

Zusammen mit den anderen Passagieren aus Pommern und Hamburg waren sie die ersten Auswanderer, deren Ziel die Kolonie São Lourenço im brasilianischen Bundesstaat Rio Grande do Sul war. Den Passagevorschuss dazu hatten sie vom Hamburger Überfahrtsagenten Wilhelm Hühn erhalten, indem sie sich mit einem unterzeichneten Schuldschein verpflichteten ... *sich nach ihrer Ankunft in Rio Grande do Sul sofort nach der von Herrn J. Rheingantz gegründeten Kolonie São Lourenço zu begeben und bis zur Abzahlung ihrer Schuld sich nicht aus der Kolonie São Lourenço ohne erhaltene Erlaubnis von den Herren Wilh. Hühn & Co oder deren Stellvertreter zu entfernen.* Der Schuldschein, der für die zwölf Familien einen Wert von 1.626½ Taler bezifferte, war vom brasilianischen Generalkonsul bestätigt. Mitte Januar 1858 kam diese erste Kolonistengruppe in Rio Grande an und traf dann am 18. Januar in der Kolonie von Jakob Rheingantz ein.

In einer Jubiläumsschrift anlässlich des fünfzigjährigen Bestehens der Kolonie beschreibt Carlos Rheingantz die Entwicklung dieser Siedlungsgründung und die Probleme, die im Zeitverlauf auftauchten. Sein Vater Jakob, 1817 in Sponheim geboren und 1877 in Hamburg verstorben, hatte das Areal der Kolonie, es handelte sich um etwa 3.480 ha Land, am 30. Dezember 1856 zu einem Preis von 36.000 Dollar von der kaiserlichen Regierung in Brasilien erworben. In einem Vertrag verpflichtete er sich dabei, innerhalb von fünf Jahren 1.440 Kolonisten anzuwerben. Im Gegenzug gewährte ihm die Regierung eine Beihilfe von durchschnittlich 25 Dollar für jeden angeworbenen Kolonisten. Diese erwartete in ihrer neuen Heimat erst einmal nur Urwald, *... der jedoch eine sehr gute Baumqualität besaß*. Zudem waren die Kolonielose auch deshalb attraktiv, da das erworbene Land durchgängig das Maß 220 Meter in der Front und 2.200 Meter in der Tiefe hatte, wofür die Kolonisten anfangs nur 300 Dollar aufbringen mussten. Im späteren Verlauf waren es dann bis zu 600 Dollar. Als die erste Gruppe aus dem Hunsrück São Lourenço erreichte, waren zwar die Grenzen des Koloniekomplexes grundsätzlich abgesteckt, doch viele Details, wie beispielsweise die Zuwegung, mussten noch geklärt werden. Auch war die Errichtung eines einfachen Hauses auf der *Reserva* notwendig, um den Neuankömmlingen ein vorläufiges Unterkommen zu bieten. Zur Versorgung ließ Jakob Rheingantz ein Geschäftshaus erbauen, ... *dem die Kolonisten Lebensmittel auf Borg entnehmen konnten, für die sie später Zahlung in Produkten zu leisten hatten.*

Doch der Anbau und Verkauf von Kartoffeln, die wohl als Haupteinnahmequelle gedacht waren, erzielte anfangs nicht die erwarteten Resultate und konnte insofern nicht zum Abtragen der finanziellen Verbindlichkeiten beitragen. Diese waren zu Beginn auch für Jakob Rheingantz durch die Geldvorschüsse an die Auswanderer nicht unbeträchtlich gewesen. Neben der Schiffspassage mussten die Kosten für die Agenten in Hamburg, Bremen oder Antwerpen bezahlt werden. Zudem sollte entsprechend einer Bestimmung des preußischen Innenministeriums vom 1. Juni 1827 ... *von den nach Brasilien Auswandernden der Abschoß [Abzugsgeld] von 10 p. Cent von dem auszuführenden Vermögen entrichtet und ad depositum [zur Hinterlegung] genommen werden.* Und auch für das Passieren des Königreiches Hannover mussten 120 Hannoversche Gulden entrichtet werden. Zudem ließ das Königlich-Preußische Oberpräsidium am 25. Juni 1828 verlautbaren, ... *daß außer jener Summe noch für jeden Erwachsenen 25 bis 30 Rthl, für jedes Kind 12 bis 15 Rthl als zur Reise nach Bremen erforderlich, baar vorgezeigt werden müssen, bevor einem Auswanderer der Durchzug durch die Königl. Preuß. Staaten bewilligt werden kann, wenn er auch sonst mit gehörigen Legitimationen, namentlich gültiger Receptionsurkunden [zum Beispiel Erlaubnis zur Entlassung aus dem Unterthanenverband], aus Brasilien selbst und von der competenten Landeshoheitsbehörde, so wie mit Reise-Pässen nach Bremen versehen sein sollte.* Trotz der anfänglichen Schwierigkeiten, die nach Ansicht von Jakob Rheingantz auch der mangelnden Unterstützung der brasilianischen Regierung zum Ausbau der Infrastruktur in den Süden des Landes geschuldet war, wuchs die Zahl der Kolonisten in São Lourenço stetig und zählte bis Ende der 1870er Jahre über 8000 Einwohner. Auch aus Anlass eines ernsten Streitfalles und damit verbundener Unruhen war es im August 1863 zu Ordnungsmaßnahmen und dementsprechend einer Einteilung des Koloniegebietes in sechs verschiedene Sektoren gekommen. Als ihre Vorsteher wurden die Herren Georg Born, Bernhard Schneider, Johann Dietrich II., Ferdinand Nickel, Johann N. Becker und Carl Ritter gewählt. Zu ihren Pflichten gehörte beispielsweise, *vorkommende Streitsachen oder sonstige ordnungsstörende Fälle ... möglichst gütlich zu schlichten, widrigenfalls aber dem Direktor [Jakob Rheingantz] davon Anzeige zu machen.* Und im Hinblick auf den Schulunterricht sollten sie ... *die Eltern der schulfähigen Kinder ... ermahnen, ihre Kinder fleißig zur Schule zu schicken.*

Der Bau eines Schulhauses war im August 1862 beschlossen und 1863 realisiert worden. Dass es in der Kolonie viel auf Eigeninitiative ankam, war Jakob Rheingantz durchaus bewusst und er beklagte: *Der öffentliche Unterricht auf dieser Kolonie wird gänzlich seitens der Provinzialregierung vernachlässigt.* Dabei sah er den großen Nutzen für die Kolonistenkinder auch darin, ... *die Sprache des Landes erlernen [zu] können, dass sich ihre Eltern zur neuen Heimat erwählt haben; sie würden dann nicht das Opfer von Dolmetschern und anderen Menschen werden, die aus ihrer Unwissenheit Vorteil ziehen.*

Ähnlich schwierig wie der Schulbau gestaltete sich auch die Finanzierung eines Kirchenbaus, und Jakob Rheingantz sah sich gezwungen, durch persönliche Landschenkungen von rund 2,9 ha für jede Konfession hier 1865 einen Anfang zu befördern. Im Vergleich dazu war beispielsweise die evangelische Kirche in Rio de Janeiro bessergestellt. Mit einer Bekanntmachung des preußischen Oberpräsidenten Ingersleben vom 16. November 1828 erhielt sie offiziell die Möglichkeit, in allen evangelischen Kirchen der Rheinprovinzen Gelder für den Neubau einer evangelischen Kirche in Brasiliens damaliger Hauptstadt einzuwerben.

Als die Familie Rheingantz ihre letzten Ländereien in der Kolonie São Lourenço am 1. August 1893 verkaufte, zählte diese inzwischen 17.000 Einwohner, davon 5.000 in der näheren Umgebung. Als Gewerbe hatten sich unter anderem vier Gerbereien, 18 Wagenfabriken, drei Ziegelbrennereien, 21 Tischlereien und drei Bierbrauereien angesiedelt. Insbesondere die, für letztere wichtigen Anbauversuche des Chemikers Otto Linger am kaiserlichen Ackerbauinstitut in Rio de Janeiro wurden von Carlos Rheingantz als sehr erfolgversprechend angesehen, wobei er jedoch in der Schrift von 1907 anmerkte, dass *sich leider niemand mehr für den Hopfenanbau, der nach meiner Meinung nicht unbedeutend zum Gedeihen der Kolonie beitragen könnte, [interessiert].*"

Das hier beklagte Desinteresse an landwirtschaftlichen Anbaumethoden mag nicht überraschen, denn das Gros der Auswanderer aus dem Hunsrück waren weniger Ackerbauern und eher Handwerker und Gewerbetreibende. Dabei waren im Hunsrück die Erträge im Landbau oftmals nicht ausreichend, um die Familien zu ernähren. Unzureichende Größe der Wirtschaftsflächen durch die Realteilung und geringe Kenntnisse von ertragssteigernden Düngemethoden waren hauptursächlich. Die, ungeachtet dieser Bedingungen teilweise vorherrschende Skepsis der Landbevölkerung zur Auswanderung, auch trotz der mancherorts verstärkten Werbung der Auswanderungsagenten, kommt in einem Gedicht des Eifeler Wanderhändlers und Dichters Peter Zirbes zum Ausdruck. Zirbes, 1825 in Niederkail geboren, vertrieb Mitte des 19. Jahrhunderts Steingut aus Speicher, ebenso wie Produkte der Glashütten des Saargebietes und der Porzellan- und Steingutfabriken von Wallerfangen und Mettlach.

Zwischen Mai und November war der wandernde Hausierer immer auf der Route Morbach – Baumholder – Kirn – Birkenfeld – Meisenheim – Oberstein unterwegs und hatte Kontakte zu den entlegendsten Ortschaften im Hunsrück. In seinem Gedicht *Rat des Großvaters an den Enkel* spiegelt sich die dabei gewonnene Sichtweise zur Auswanderung wider:

… Jong, daad sei der och gesoad: Seiste ned, we ganz Familjen, de ed welle besser hoan, noa Amerika, Bresiljen, onn noa Texas maße goahn? Herschde Jong, onn loaß der roaden, bleif dehem, onn sei ned faul, wann der och doa ken gebroaden Dauwe flegen an det Maul.

Infos zum Leben und Werk von Peter Zirbes: VG Wittlich-Land, Peter-Zirbes-Kulturkreis.

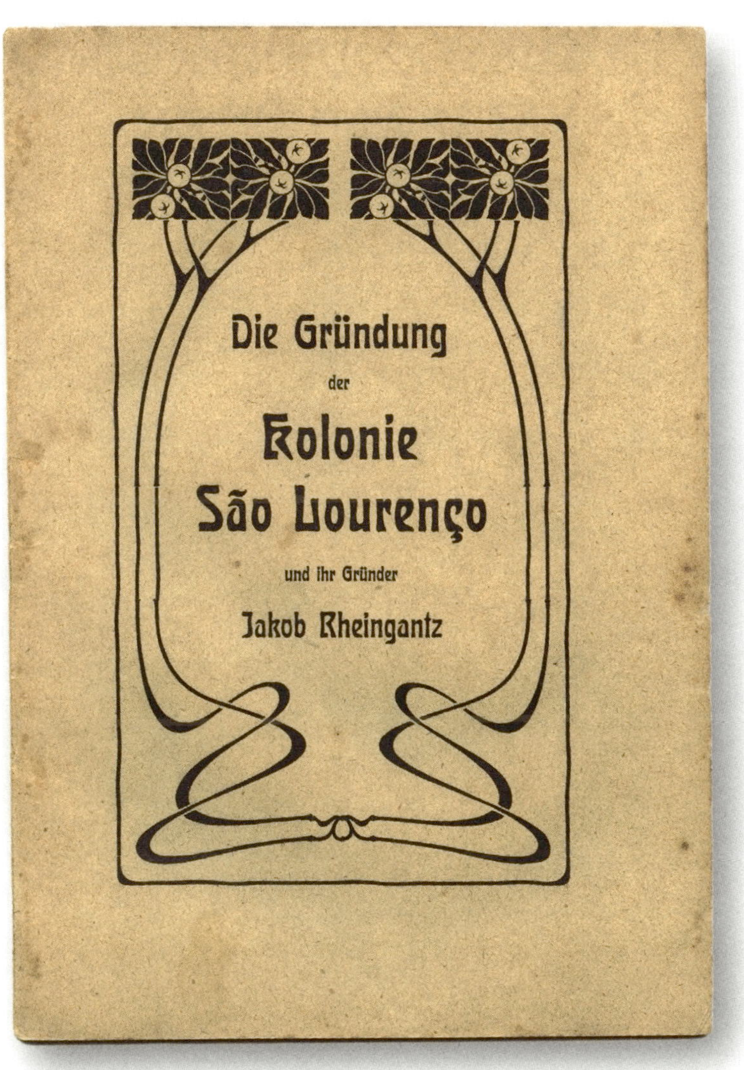

Broschüre zur Gründung der Kolonie São Lourenço und ihrem Gründer Jakob Rheingantz.

AUSWANDERUNG NACH ALGERIEN

Der Hafen von Algier auf einer Postkarte Ende des 19. Jahrhunderts.

Die Mitteilung vom 1. Oktober 1847 an den preußischen Oberprokurator Matzerath in Saarbrücken war kurz gehalten: *Verstorben in Algier* war die Namensliste überschrieben, die ihm zusammen mit 38 Totenscheinen vom Ministerium für Auswärtige Angelegenheiten in Berlin zugeleitet worden war. Der Schuhmacher Nikolaus Thevenin und der Bäcker Georg Fleck, beide aus Saarlouis, stand darauf, ebenso wie die Wäscherin Maria Malter aus St. Wendel, der Zimmermann Wilhelm Boulanger aus Kleinblittersdorf und Caspar Christoph aus Berus. Sie gehörten zu den Auswanderern, die in Algerien eine bessere Lebensperspektive gesucht hatten. Nicht zuletzt schlechte Erntejahre wie das von 1846 hatten die Preise für Kartoffeln, Getreide und Hülsenfrüchte in die Höhe getrieben, und die existenzielle Not brachte manchen zum Holz- oder Steinkohlendiebstahl. Viele Menschen sahen den einzigen Ausweg in der Auswanderung und folgten dem Ruf, mit dem das französische Generalgouvernement seit den Vierzigerjahren des 19. Jahrhunderts für das Auswanderungsziel Algerien geworben hatte.

Nach der Besetzung Algiers im Juli 1830 hatte Frankreich damit begonnen, durch eine planmäßige Erschließung des Landes seine Herrschaft zu festigen und dadurch den immer wieder auflebenden Widerständen von einheimischen Stammesfürsten zu begegnen. Zwar hatte das französische Kriegsministerium darauf aufmerksam gemacht, dass nur derjenige als Kolonist aufgenommen werden konnte, der über das nötige Kapital verfügte, um die ihm überlassenen Ländereien bebauen zu können. Doch auch für einfache Handarbeiter, *ouvriers*, sollten die Überfahrt- und Verpflegungskosten übernommen werden und ihnen wurde eine staatliche Unterstützung bei der Arbeitssuche in Aussicht gestellt. Dementsprechend groß war die Erwartung derjenigen, die von Toulon aus die 40-stündige Überfahrt nach Algier oder Oran unternahmen. An drei Tagen im Monat gingen die Schiffe von hier ab. Manch einer wählte jedoch die Passage ab Marseille, die zwar über 50 Stunden dauerte, dafür aber sechsmal im Monat verfügbar war. Für die Anreise von Paris musste der Auswanderer nochmals drei Tage hinzurechnen. War die Überfahrt mit einem der oftmals eingesetzten *Seelenverkäufer* glücklich überstanden, so stellte sich bei manchem spätestens bei der Ankunft in Afrika eine Ernüchterung ein. Die wenigen Nahrungsmittel in Algier waren überteuert und das mitgeführte Geld somit schnell aufgebraucht. Auch durch den Mangel an Arbeitsplätzen sahen sich viele der Auswanderer in ihren Erwartungen betrogen und versuchten nach kurzer Zeit, wieder nach Deutschland zu kommen. Dazu fehlte ihnen jedoch oftmals das Geld, zumal die französische Regierung nur die Hinfahrt übernehmen wollte. Doch auch die preußische Regierung sah sich in diesem Fall nicht in der Pflicht und begründete ihre Haltung damit, ... *weil die Ausgewanderten freiwillig auf ihr Untertanenverhältnis verzichtet und kein Recht mehr haben, ihre Wiederaufnahme in Preußen zu verlangen.* Der mit der Wahrnehmung der deutschen Interessen in Algier beauftragte Konsul von Norwegen und Schweden stellte zu dem Problem der mittellosen Rückwanderer fest: *Diese Familien sind dann genötigt bei Privaten so lange zu arbeiten,*

Angehörige des Stammes der Kabylen. Sie leisteten den Franzosen starken Widerstand.
Postkarte Ende des 19. Jahrhunderts.

bis sie soviel zu erwarten haben, um die Rückfahrt und die schlechte Beköstigung auf einem Kauffahrteischiff bezahlen zu können. Wenn sie sich nun bei mir melden, um die erforderlichen Pässe zur Rückkehr zu erhalten, so kann ich ihnen solche auch beim besten Willen nicht geben, weil ihnen die Papiere von dem französischen Gouvernement bei ihrer Ankunft

Die Schlucht von El-Kantara, um 1900, eine der wichtigsten Karavanenstationen in Ostalgerien.
Postkarte, um 1900.

in Afrika abgenommen worden sind und sie sich ohne diese nicht gehörig auszuweisen vermögen.

Ungeachtet dieser Berichte aus Algerien suchten jedoch immer wieder Menschen nach einer Verdienstmöglichkeit in Afrika. So befanden sich unter den verstorbenen Algerienfahrern auch viele Männer, die als Fremdenlegionäre in den Dienst der französischen Armee in Algier eingetreten waren. Unter den Totenscheinen ist der von Karl Reith aus Ottweiler, *Füsilier vom 2. Regiment der Fremdenlegion zu Algier*, ebenso die der *Füsiliere* Peter Schwartz aus Leidingen und Anton Hafner aus Saarlouis. Auch für Ludwig

Eines der alten Stadttore von Algier um 1890. Foto, um 1900.

August Karl Canoville aus Saarlouis, der als *Regiments-Chirurgus* in französischen Diensten gestanden hatte, blieb der Traum vom Leben in Afrika unerreicht.

Nicht zuletzt durch die Risiken, die die Lebenssituation in Algerien mit sich brachte, sah sich die preußische Regierung veranlasst, ungeachtet der *günstigen Nachrichten* einzelner Algerienfahrer vor einer Auswanderung zu warnen.

Doch erst eine verstärkte Propagierung neuer Auswanderungsziele führte nach 1847 zu einem Rückgang der Auswandererzahlen.

II. Verkehrswege und technische Neuerungen

MIT DER POSTKUTSCHE UNTERWEGS

Kutsche der Reichspost. *Postkarte um 1870.*

Der Vorrang der Postbeförderung auf den Straßen des preußischen Königreiches war durch eine *Allerhöchste Kabinettsorder* festgelegt und jeder war verpflichtet, den Kutschen, *auf den Stoß ins Horn*, auszuweichen, andernfalls drohte eine Strafe von fünf bis fünfzig Talern.

Der zweijährigen Tochter des Krämers Krumpholz in Trier mag diese Vorschrift noch nicht bewusst gewesen sein, als sie am Nachmittag des 24. Juni 1827 mitten auf der Straße unweit des Stadttores spielte. Der herannahende Saarbrücker Postwagen, der *im raschesten Laufe zum Thore hereinfuhr*, hätte das Kind fast überfahren, doch es gelang dem Schreiner Heinrich Mehl aus Trier, das Mädchen rechtzeitig in Sicherheit zu bringen. Seit dem 1. April 1827 war eine Schnellpost zwischen Saarbrücken und Trier eingerichtet worden. Dienstags, donnerstags und samstags verkehrten nun *auf das Bequemste eingerichtete, auf Druckfedern ruhende Wagen* zwischen beiden Städten, und der Reisende musste dabei eine Fahrzeit von insgesamt elfeinhalb Stunden einplanen. Damit war diese Post fast doppelt so schnell wie die normale Personenbeförderung.

Um fünf Uhr morgens begann die Tour von Trier nach Saarbrücken und in Saarlouis wurde eine halbstündige Mittagsrast eingelegt, *wo für gute und billige Bewirtung gesorgt* war. Schon um vier Uhr in der Frühe trat der Reisende die Strecke von Saarbrücken nach Trier an, wobei dann die Mittagspause in Saarburg erfolgte. Der Fahrpreis für die Schnellpost betrug pro Person zehn Groschen für jede Meile, wobei eine preußische Meile 7.532,48

Metern entsprach. Zusätzlich konnten dreißig Pfund Gepäck mitgenommen werden.

Neben der Schnellpost war auch eine Güterpost auf der Strecke neu eingerichtet worden, mit der jedes Mal ebenfalls zwei Personen befördert werden konnten. Für fünf Groschen pro Meile und einem Gepäck von zehn Pfund hatte der Reisende hierbei zweimal in der Woche, donnerstag- und sonntagnachmittags, die Möglichkeit, von Saarbrücken nach Trier mitzufahren. In umgekehrter Richtung bestand diese Möglichkeit dienstag- und samstagabends nach der Ankunft der Güterpost aus Koblenz. Diese Verbindungen stammten noch aus der Zeit der Thurn-und-Taxis-Post und waren nach deren Ablösung im Jahre 1798 von der französischen Postverwaltung übernommen worden. Im Jahre 1802 waren auf drei Routen Postverbindungen, *messageries*, eingerichtet worden. Eine ging von Paris nach Koblenz, eine andere verband Luxemburg und Mainz. Beide Routen führten über Grevenmacher, Trier und Wittlich. Die dritte Route verlief von Paris nach Mainz über Forbach, Saarbrücken und Rohrbach.

Bei der Übernahme des Saardepartements durch Preußen 1815 wurden wesentliche Elemente des französischen Postwesens, wie beispielsweise die Posthalter (*maitres de postes*), beibehalten. Gleichzeitig wurden ab 1821 durch den preußischen Generalpostmeister Karl Friedrich von Nagler der Ausbau eines Netzes mit Schnellpostverbindungen vorangetrieben. Dem *Königlichen Grenz-Postamt* in Saarbrücken waren die Postverteilstellen und Posthaltereien in St. Wendel und Ottweiler, die Postverteilstellen in Baumholder und Grumbach, eine Briefsammelstelle in Sien sowie die Posthalterei zu Friedrichsthal zugeordnet.

Neben der Schnellpost bestand eine tägliche Postverbindung mit Trier, Frankfurt am Main und Paris. Auch von und nach Bad Kreuznach fuhr täglich eine Postkutsche.

Das zweite große Postamt in der Region befand sich in Saarlouis. Ihm unterstanden die Posthaltereien in Lebach, Tholey, Merzig und Wadern. Hier waren ebenso wie in Mettlach Postverteilstellen eingerichtet. Eine Briefsammelstelle befand sich in Losheim. Täglich wurde Saarlouis von der Mainzer und der Saarbrücken-Trierer Personenpost angefahren, ebenso von der Metzer Postkutsche, der *Diligence* und der Saarbrücker Lokalpost. Die Postentfernungen waren amtlich festgesetzt und für den Tarif maßgeblich. So betrug die Strecke von Saarbrücken nach Saarlouis dreieinhalb Postmeilen und von Saarlouis bis nach Merzig musste für zweieinhalb Postmeilen bezahlt werden. Von dort nach Trier wurden nochmals sechseinviertel Postmeilen berechnet.

Sowohl die Fahrpost als auch die Briefpost erfuhren in der ersten Hälfte des 19. Jahrhunderts eine starke Zunahme. Für das Jahr 1836 führt die Statistik 3.340 Reisende an, die von Saarbrücken aus eine Postkutsche nahmen. Im Jahr 1844 wird ihre Zahl mit mehr als 11.000 Personen angegeben. Beim Postamt in Saarlouis stieg im gleichen Zeitraum der Anteil von 825 Personen auf fast 9.500 Reisende. Mehr als 110.000 Briefe aus dem In- und Ausland passierten das Postamt Saarbrücken im Jahr 1842. Ihr Anteil erreichte im Jahre 1846 annähernd 150.000 Stück.

Vor der Einführung der ersten Briefmarke in Preußen im Jahre 1850 war das Porto für einen Brief vom Empfänger zu entrichten. Der Nichtzustellbarkeit von Briefen und den damit entgangenen Einnahmen galt daher die besondere Aufmerksamkeit des Generalpostmeisters Nagler, der in diesem Punkt mehr *Umsicht und Genauigkeit in den Postanstalten* anmahnte. In einem Rundschreiben vom 17. Oktober 1828 wies er an: *Retour-Briefe, welche von dem Briefträger aus einem, auf der Rückseite des Briefes anzugebenden Grunde, nicht zu bestellen sind, müssen von den Postanstalten gesammelt werden.*

Nach dem Ablauf eines Quartals wurden diese Angaben dann von den örtlichen Polizeibehörden nochmals überprüft. Erst dann gelangten die als unzustellbar bezeichneten Postsendungen von den Bezirkspostämtern an die Oberpostdirektion in Koblenz. Hier wurden sie zusammen mit den Fundstücken aus den Postkutschen gesammelt. Auch ein *recommandierter Brief an Köhl in St. Johann-Saarbrücken, eingeliefert in Creuznach am 27. Juni, 8–9 Uhr vormittags« kam nicht ans Ziel. Der unbekannte Absender wurde am 6. Oktober 1869 öffentlich aufgefordert, sich bei der betreffenden Postanstalt zu melden, andernfalls mit dem Brief nach den bestehenden Bestimmungen verfahren werden wird.*

❦

Faksimile von Briefen. Ab 1849 werden Briefmarken verwendet. Ein Faltbrief wurde mit einem Siegel verschlossen. *Brief und Vorphila.*

REISEN AUF KUNSTSTRAẞEN

Die Uferstraße von Cochem. An der Schranke musste das Wegegeld entrichtet werden.
Colorierter Holzstich um 1890s.

Der 15. November 1838 war ein großer Tag für den preußischen Wegebau. Die Arbeiten an der Saarlouis-Bouzonviller- Staatsstraße waren für den Abschnitt zwischen Saarlouis und Völklingen über Fraulautern, Ensdorf und Bous vollendet und die Strecke konnte für den allgemeinen Verkehr freigegeben werden. In den amtlichen Mitteilungen wurde *das dabei interessierte Publikum ... hiervon benachrichtigt, dass nunmehr die Straße von Saarlouis nach Saarbrücken vollständig kunstmäßig gebaut ist.*

Bis zum Beginn der preußischen Regierungstätigkeit 1815 gab es in der Rheinprovinz insgesamt nur vier dieser chaussierten Straßen, den sogenannten Kunststraßen. Sie besaßen eine unten liegende zwölf bis fünfzehn Zentimeter starke Bruchsteinschicht, über die eine fünfzehn Zentimeter starke Grobschotterlage aufgetragen war. Den Abschluss bildete eine Feinschotter- und Sandschicht von etwa acht Zentimetern. Um diese Konstruktion beim Befahren durch die Fuhrwerke nicht allzu sehr zu belasten, hatte die preußische Regierung am 17. März 1839 eine *Verordnung, den Verkehr auf den Kunststraßen betreffend* erlassen. Darin war unter anderem festgelegt, dass nur noch Fuhrwerke mit Radfelgen, deren Metallreifen mindestens vier Zoll breit war, auf den Chausseen fahren durften. Bei den Frachtfuhrwerken bestimmte die Radfelgenbreite das zulässige Ladungsgewicht, das anhand der mitzuführenden Frachtbriefe kontrolliert werden konnte. Für die Hufeisen der Zugtiere galt die Vorschrift, dass *deren Stollen nicht mehr als zwei Drittel Zoll über die Hufeisenfläche hervorragen.*

Trotz der schlechten finanziellen Situation als Folge der Befreiungskriege war der Ausbau des Straßennetzes von der preußischen Regierung von Anbeginn zum vorrangigen Ziel erklärt worden. Die Anbindung an das europäische Fernstraßennetz und die Schaffung neuer Wege ermöglichte den Absatz der Landesprodukte und eine Intensivierung des Handels. Doch auch die Sicherstellung des militärischen Schutzes der Rheinlande gegen Frankreich erforderte für den Fall einer militärischen Intervention ausgebaute Straßen zu den Festungen Saarlouis, Luxemburg oder Mainz. Dabei befanden sich die vier bestehenden Staatsstraßen am Ende der napoleonischen Zeit durch die darüber hinweggegangenen Heereszüge in einem schlechten Zustand. Ihre Instandsetzung fiel bei zwei Strecken in staatliche Zuständigkeit, wie beispielsweise für die Verbindung von Paris nach Koblenz über Diedenhofen und Trier. Auch die Strecke von Paris nach Mainz, die über Metz, Saarbrücken und Kreuznach verlief, unterstand staatlicher Aufsicht. Die dritte Staatsstraße verband Straßburg mit Lüttich und führte über Saarbrücken, Trier und Prüm. Für sie lag die Verantwortlichkeit bei den vormaligen Departements, ebenso wie die Verbindung Trier–Bingen–Mainz.

Allgemein wurde für den Bau und die Unterhaltung der Staats- und Bezirksstraßen eine Zulage zu der Grundsteuer erhoben. Für 1822 waren dazu elf Prozent veranschlagt und sie erbrachte die Summe von 24.000 Talern. Mit diesen *Zusatz-Centimen* wurden die verschiedensten Baumaßnahmen finanziert, wie beispielsweise im Jahre 1821 vier Durchlässe bei Völklingen für 462 Taler.

Ein Durchlass bei Arnual kostete 149 Taler und für die Reparatur der Brücke bei Lisdorf mussten 424 Taler aufgewendet werden. Für Baumpflanzungen an der Straße von Saarlouis nach Metz waren 125 Taler veranschlagt, während die allgemeinen Instandsetzungsarbeiten an dieser Straße mit 500 Taler zu Buche schlugen. Um zusätzliche Mittel für den kostenintensiven Straßenbau zu erhalten, wurde mit *Allerhöchster Kabinettsorder* vom 11. April 1838 angeordnet, dass die Berechtigung, ein zusätzliches Wegegeld zu erheben, neben den Staatsstraßen nun auch für die Bezirksstraßen gelte. Auf den 14 Staatsstraßen und 14 Bezirksstraßen, die bis 1849 den Regierungsbezirk Trier durchzogen, konnten somit an den entsprechenden Hebestellen Entfernungstarife, in der Regel $^{1}/_{3}$ Taler pro Meile, erhoben werden. Auch an der *Barriere zu Arnual* befand sich eine solche Hebestelle. Hier wurde die Gebühr für die Strecke von Saarbrücken bis Saargemünd auf der Trier-Straßburger-Staatsstraße erhoben. Diese Kunststraße begann am Neutor in Trier führte über Nunkirchen, Bettingen, Lebach und Heusweiler, St. Johann, Saarbrücken und St. Arnual bis zur französischen Grenze. Der Anfang der Saarbrücken-Homburger-Staatsstraße war auf dem Marktplatz in St. Johann. Sie führte mit einer Länge von 2.537 Ruthen über Scheid und Rentrisch bis an die damalige bayrische Grenze. Ebenfalls bei St. Johann zweigte sich die Saarbrücken-Bingener-Staatsstraße von der Trier-Straßburger-Verbindung ab. Ihr Verlauf führte über Dudweiler, Sulzbach, Ottweiler, St. Wendel bis zur Grenze des ehemals hessen-homburgischen Oberamtes Meisenheim. Hinter St. Wendel zweigte sich von dieser die St. Wendel-Lautereckener-Bezirksstraße ab, die über Furschweiler, Reitscheid und Baumholder bis zur Grenze von Rheinbayern jenseits von Grumbach führte. Von der Gesamtlänge von 11.700 Ruthen waren 1840 schon etwas mehr als 11.000 Ruthen fertiggestellt. Die Auftragsvergabe für den Straßenbau erfolgte zu angekündigten Terminen, wie beispielsweise dem 26. März 1838. Dann konnten sich die *Wenigstnehmenden ... um 10 Uhr Morgens zu Saarlouis in der Wohnung des Bau-Conducteurs Odernheimer ... um die Lieferung von Materialien für die Bezirksstraße von Dillingen bis an das Ende des Pachtener Waldes* bewerben.

Um insbesondere die schnellen Postverbindungen auf den Chausseen auch in der Winterzeit sicherzustellen, hatte die preußische Regierung verfügt, dass die Gemeinden mit ausgebauten Straßen zum Schneeräumen verpflichtet seien. Für den Fall, dass sie der *Aufforderung zur Wegschaffung des die Passage einer Kunststraße unterbrechenden Schnees* nicht sogleich nachkamen, musste für jeden Einwohner eine Geldbuße von einem Taler entrichtet werden.

Rechte Seite: Mit der Abziehmaschine zur Straßenreinigung wurde der grobe Schmutz von der Straße entfernt. Diese Maschine ersetzte 15 Arbeitskräfte.

INFOBOX

DIE PREUẞISCHEN LÄNGENMAẞE

nach der neuen Maß- und Gewichtsordnung vom 16. Mai 1816

1 Zoll	=			≈	37,66 mm
1 Fuß	=	10	Zoll	≈	37,66 cm
1 Ruthe	=	10	Fuß	≈	3,766 m
1 Meile	=	2000	Ruten	≈	7,532 km

MIT DER EISENBAHN AUF ARBEITSSUCHE

Der Eisenbahngrenzübergang nach Frankreich bei Sarreguemines.
Postkarte um 1900.

Der Brief aus dem fernen Saarwellingen erreichte Heinrich Dries aus Medell in Belgien am 3. Dezember 1930.

Mein lieber geehrter Heinrich, schrieb der Stellmachermeister Johann Baptist Augustin an seinen ehemaligen Lehrling. *Ich möchte wissen, wie's bei Euch jetzt geht mit den Geschäften. Bei uns sieht es überall schlecht aus durch die vielen Arbeitslosen und wenig Verdienst und dazu noch das lange Borgen.*

Der Adressat war kein Unbekannter, denn Heinrich Dries hatte von 1898 bis 1900 in Saarwellingen seine Lehre als Stellmacher absolviert und sich in der Zeit, wie ihm sein Lehrherr bescheinigte, *in jeder Beziehung zu meiner besten Zufriedenheit geführt.* Unter dem Eindruck der wirtschaftlichen Krise wandte sich Johann Augustin nun an seinen ehemaligen Gesellen mit der Bitte ... *wenn du vielleicht eine passende Stelle für meinen Sohn könntest finden, so wären wir sehr dankbar. Er ist 20 Jahre alt, hat drei Jahr das Stellmacher-Handwerk gelernt und hat zwei Jahre die Fortbildungsschule in Saarbrücken besucht mit gutem Erfolg.* Augustin schloss seine Nachfrage mit dem Hinweis ... *er nimmt Arbeit an, wie er sie findet.* Inwieweit der junge Augustin eine Stelle in Belgien antreten konnte, ist nicht überliefert. Doch die Chancen müssen gut gewesen sein, zumal Heinrich Dries sich im Oktober 1929 in St. Vith (Belgien) mit einer Müllerei selbständig gemacht und dazu eine neue Mühle errichtet hatte. Hintergrund des Bittschreibens war auch der Bedeutungsverlust, den die Stellmacherei zu Beginn des 20. Jahrhunderts verzeichnen musste. Auch in diesem Bereich hatte die kostengünstigere Fließbandproduktion zu einer Beschäftigungskrise geführt, die insbesondere durch die gesamtwirtschaftliche Entwicklung in der Zeit noch verschärft wurde. Im Vergleich dazu war die Situation zu Beginn des 19. Jahrhunderts noch anders, als sich der Beruf des Stellmachers herausbildete.

Dieses Handwerk, das sich auf eine zusammengeführte Herstellung von Rädern und Wagen spezialisiert hatte, wurde mit

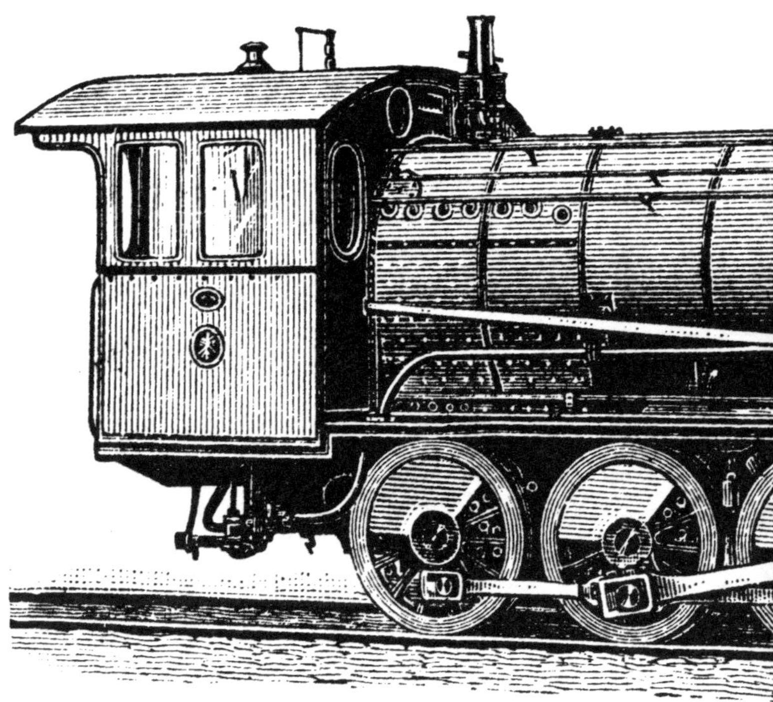

Fünfachsige viergekuppelte Güterzug-Compound-Lokomotive der preußischen Staatsbahnen.

der infrastrukturellen Erschließung der preußischen Gebiete zunehmend nachgefragt. Zur Intensivierung des Handels waren Transportgefährte notwendig, und auch die Kommunikationsmöglichkeiten konnten durch zunehmende Postkutschenverbindungen ausgebaut werden. Im Jahr 1846 waren im Kreis Saarbrü-

cken mehr als 90 Unternehmer gemeldet, die Fracht-, Stadt- oder Reisefuhrwerke betrieben. Damit boten sie 120 Personen eine Beschäftigung. Mehr als 150 Pferde waren zum Betrieb dieser Fuhrwerke nötig. Geringer fiel der Anteil in anderen Kreisen der Region aus. Für Saarlouis beispielsweise waren elf Fuhrunternehmer mit dreizehn Beschäftigten verzeichnet.

Mit Beginn des Eisenbahnbaus boten die Fertigkeiten der Stellmacher auch für den Waggonbau weitreichende Verwendung. Im Jahre 1847 war in Saarbrücken die *Königliche Kommission für den Bau der Saarbrücker Eisenbahn* als erste preußische Staatsbahnbehörde gegründet worden. Sie hatte den Auftrag, die Planung und den Bau der Eisenbahnstrecke von der bayrischen Grenze bei Bexbach über Neunkirchen und Saarbrücken- St. Johann bis nach Forbach zu begleiten.

Zu dieser Zeit gab es im gesamten Regierungsbezirk Trier 790 Stellmacher, dazu 130 Lehrlinge und Gehilfen. In der hiesigen Region war das Gewerbe besonders stark im Kreis Merzig mit fast 90 Stellmachern und Gehilfen vertreten. Mehr als 80 Rade- und Stellmacher übten das Handwerk im Kreis Saarlouis aus. Für den Kreis Saarbrücken betrug ihr Anteil gut 70 Handwerker und im Kreis Ottweiler fast 50 Personen.

Ende 1852 war das Eisenbahnnetz in der Region soweit ausgebaut, dass nunmehr auch Güterzüge aus Richtung Homburg kommend über Dudweiler und Saarbrücken-St. Johann an die französische Grenze nach Forbach fuhren. Bis 1880 wuchs das Schienennetz der Saarbrücker Eisenbahn auf über 360 km an und dementsprechend war der Bedarf an Zügen und Eisenbahnwaggons.

Mit dem Ausbau dieser Schienenverbindungen wurden die für die Eisen- und Stahlherstellung wichtigen Verbindungen geschaffen. Gleichzeitig ermöglichten die Anbindungen an die französische und luxemburgische Grenze auch eine schnelle militärische Präsenz. Im Personenreiseverkehr waren jetzt auch entfernte Ziele bequemer erreichbar und viele Handwerker und Tagelöhner konnten diese Möglichkeit bei der Arbeitssuche nutzen. So ist beispielsweise belegt, dass der 24-jährige Schiffsknecht Johann Gevaert aus Brügge (Belgien) im November 1856 auf der Burbacher Hütte in Arbeit stand. Im November 1850 hielt sich der aus Aachen gebürtige *Porcellan-Arbeiter* Ludwig Pittel in St. Johann auf, weil er hier einen Verdienst als Tagelöhner gefunden hatte.

Aus Gerterode im Regierungsbezirk Erfurt reiste im April 1835 der Marionettenspieler Carl Brand mit seiner Mutter nach Saarlouis, um hier auf dem Jahrmarkt seine Kunst vorzuführen. Beide fuhren anschließend weiter nach Stuttgart.

Ebenso wurde das Ruhrgebiet in der Mitte des 19. Jahrhunderts vermehrt Anlaufpunkt für arbeitssuchende Tagelöhner aus dem Hunsrück und aus der Eifel. Auch für Jakob Kapp aus Beltheim (Rhein-Hunsrück-Kreis) boten die stahlerzeugenden Fabriken in Meiderich bei Duisburg die Möglichkeit eines Broterwerbs. Dass er dazu mit dem Zug über Eschweiler nach Duisburg zur Arbeit fuhr, ist amtlich dokumentiert: Er verlor auf dieser Strecke seinen Reisepass.

LEBEN AM FLUSS

Die Mosel bei Trier-Pallien. Postkarte um 1900.
Rechte Seite: Badeanstalt in der Außenalster bei Hamburg.

Philipp Klein aus Saarbrücken sollte nur 28 Jahre alt werden. Am 8. Februar 1838 war der Schiffer mit seinem Schiff unterwegs, um Steinkohlen auf der Saar abwärts zu transportieren. Es war sehr stürmisches Wetter und bei dem Versuch, unterhalb von Völklingen anzulanden, fiel er in den Fluss und ertrank.

Das Schiff von Philipp Klein war eines der 34 Fahrzeuge, die zu der Zeit im Kreis Saarbrücken für den Warentransport registriert waren. Insgesamt standen dabei mehr als 60 Mann in Arbeit und kümmerten sich um die Ladungen mit annähernd 670 Lasten

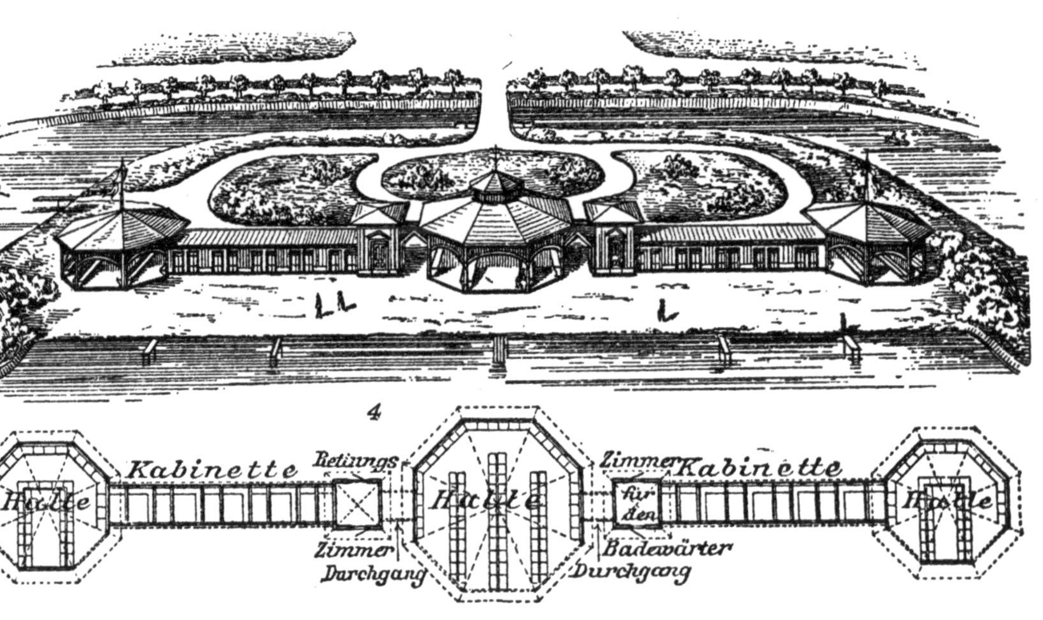

(1 Last zu 4.000 Pfund). Fast hundert Frachtschiffe waren im Jahr 1846 für den Kreis Merzig aufgeführt. Mit ihnen wurden annähernd 2.030 Lasten transportiert und 175 Schiffsleute verdienten sich damit ihren Lebensunterhalt.

Auch der Kreis Saarlouis verzeichnete mehr als 90 *Stromfahrzeuge*. Hier zählten die Schiffsmannschaften insgesamt mehr als 120 Mann, die über 1.800 Lasten an Ladung versorgten.

Bis zur Entwicklung der Dampfmaschinenkraft Mitte des 19. Jahrhunderts wurden die Lastschiffe flussabwärts durch die Strömung oder den Wind getragen. Die Flüsse hinauf mussten sie mit einer Leine, die am Mast befestigt war, gezogen werden. Dieses sogenannte Treideln wurde mit menschlicher Arbeitskraft durch die Treidler oder mit Zugtieren, in der Regel Pferde, bewerkstelligt. Als Arbeitsweg diente ein schmaler befestigter Uferstreifen entlang der Flüsse, der Leinpfad. Zurückgehend auf eine landesherrliche Anordnung aus dem Jahre 1669 war bestimmt, dass die Eigentümer der an Flüssen gelegenen Grundstücke entlang des Ufers *mindestens 24 Fuß* für den Leinpfad freizulassen hatten. Ebenso galt es, für Anpflanzungen von Bäumen, Hecken und Umzäunungen einen Abstand von 30 Schritten von dem Ufer, *wo die Schiffe gezogen werden*, einzuhalten. Bei *Leinpfadsverletzungen* drohten drastische Strafen, und auch die preußische Regierung achtete auf die Einhaltung der Benutzungsvorschriften. Zur Sicherstellung waren Leinpfadwärter angestellt, die, ähnlich wie die Straßenwärter mit blau-grauer Dienstbekleidung ausgestattet, an den Uferwegen ihren Dienst versahen.

Dabei hatten sie beispielsweise in Bezug auf das *Regulativ vom 31. März 1831* dafür Sorge zu tragen, dass *zur Schonung des Leinpfades ... bei dem Heraufziehen der Schiffe niemals mehr als drei Pferde auf einem Stichseile gehen, und die Übertreter dieses Verbots mit einer Polizeistrafe [bis zu fünf Taler] belegt werden.*

Doch auch die Schifffahrt unterlag fortwährenden Regelanpassungen. Die Tatsache, dass die Saar in damaliger Zeit sich beispielsweise *längs Wehrden ... als eine einzige lange Furth* darstellte, die ein Ausweichen erforderte, jedoch *diese Strecke bei der Ein- und Ausfahrt nicht in ihrer ganzen Ausdehnung übersehen werden kann,* machte im Juni 1847 für diesen Streckenabschnitt eine Ergänzung der Richtlinien notwendig. Fortan galt auch hier, *dass der Bergschiffer, bevor er in dieselbe [Furt] einfährt, einen zuverlässigen Boten voranschicken muss, um das jenseits etwa ankommende Thalschiff davon, dass die Einfahrt geschieht, zu benachrichtigen. Das Thalschiff ist dann gehalten, sogleich und so lange am Ufer zu halten, bis das zu Berg fahrende Schiff vorüber ist.*

Über den allgemeinen Zustand der Binnenschiffe und ihre Tauglichkeit zur Frachtfahrt hatten entsprechend einer ministeriellen Verfügung vom 27. September 1834 spezielle Schifffahrtskommissionen zu urteilen. Jedes Jahr mussten sich die in der preußischen Binnenfahrt eingesetzten Fahrzeuge einer solchen Überprüfung unterziehen. Am 1. Dezember 1838 nahmen die Schiffsuntersuchungs-Kommissionen in Trier und Saarlouis ihre Arbeit auf. Dem Gremium in Saarlouis standen der Königliche Landrat und der Bürgermeister Franz-Charmois von Saarlouis vor.

Weitere Mitglieder waren die aus Fraulautern stammenden Schiffer Philipp Bier und Nikolaus Salm sowie der Schiffbaumeister Friedrich Schuler. Ebenso gehörten Kommunal-Baumeister Birk und der Kaufmann Brugnot aus Saarlouis zu der Expertengruppe, wobei Letzterer den Vorsitz der Kommission *in Verhinderungsfällen* zu übernehmen hatte.

Seit März 1845 war auch auf der Saar zwischen Saarbrücken und Saarlouis ein regelmäßiger Schiffsverkehr mit Dampfschiffen eingerichtet worden. Betrieben wurde er von der Mosel-Dampfschifffahrts-Gesellschaft, die sich am 11. Dezember 1839 in Trier gegründet hatte. Ausgestattet mit einem Kapital von 1.500 Aktien, jede zu 100 Talern, hatte die Gesellschaft in Rotterdam zwei Dampfschiffe bauen lassen. Diese verkehrten, im März beginnend, auch auf der Strecke von Trier nach Koblenz. Insbesondere seit 1839 hatte die preußische Regierung damit begonnen, die Saar und die Mosel für die Schifffahrt auszubauen und für diese Maßnahmen bis 1850 schon mehr als 450.000 Taler verwendet. Auch den Fährverbindungen galt ein Augenmerk des preußischen Innenministeriums. So waren beispielsweise am 6. Mai 1827 Sicherheitsmaßregeln erlassen worden, die das Risiko beim *Transport von Menschen gewidmeten Stromfahrzeugen* herabsetzen sollten. Es wurde dabei festgelegt, dass die Belastungsfähigkeit einer öffentlichen Fähre *unter Leitung der Kreisbaubeamten, mit Zuziehung der Ortspolizeibehörden und eines zuverlässigen Schiffers gehörig festgestellt und ... mit einer möglichst unauslöschlichen Farbe [am Fahrzeug] anzustreichen [ist]*. Auch sollte in jedem Jahr mindestens zwei Mal *eine Revision einer jeden Fähranstalt durch den Kreisbaubeamten unter Zuziehung der Orts-Polizeibehörde ... stattfinden.*

INFOBOX

Die Leinpfade liegen heute in der Zuständigkeit der Wasser- und Schifffahrtsämter. Noch bis in die 1960er Jahre war das Betreten nur auf eigene Gefahr gestattet. Auf der linken Saarseite führt ein Leinpfad, der auch als Radweg genutzt wird, vom französischen Sarreguemines über Saarbrücken bis nach Völklingen.

Lastkräne auf der Saar bei Saarbrücken. *Kolorierte Postkarte um 1900.*

MANN ÜBER BORD!

Saarbrücken – Am Staden. *Postkarte um 1900.*

Im 19. Jahrhundert konnten nur wenige Menschen schwimmen. Das Überqueren der Saar mit einem Kahn, noch dazu bei Hochwasser, war in vormaliger Zeit eine riskante Angelegenheit. Diese Erfahrung musste auch der 16-jährige Daniel Guers aus Fürstenhausen machen, als er am 24. Dezember 1833 zusammen mit Peter Reutler und dessen zwei Kindern bei Völklingen übersetzen wollte. Durch die starke Strömung wurde ihr beladener Nachen umgeworfen. Während sich die Kinder und ihr Vater an den Schiffsteilen festhalten konnten, wurde der Jugendliche von den Fluten mitgerissen. Nur der umsichtigen Hilfe des Schiffers Johannes von der Stangenmühle war es zu verdanken, dass alle wohlbehalten aus dem Wasser gerettet wurden.

Auch die Passagiere der Fähre zu Ensdorf kamen mit dem Schrecken davon, als sie bei der Überfahrt am 27. März 1846 kenterten. Der Bergmann Christian Burgardt und der Landwirt Heinrich Baldauf, beide aus Püttlingen, ebenso wie Michael Luxemburger und Johann Nikolaus Stürmer aus Ensdorf scheuten nicht die Gefahr und brachten alle in einer mutigen Rettungsaktion wieder ans Ufer. Entsprechend der Bedeutung, die diesen Lebensrettungen zukam, verlieh das königlich-preußische Innenministerium den Rettern die *Rettungsmedaille am Bande* und bewilligte *in Anerkennung ihres menschenfreundlichen Benehmens* eine Geldprämie. Mit der Bekanntmachung dieser Taten sollte von staatlicher Seite aber auch für den Schwimmunterricht geworben werden. Seit Beginn des 19. Jahrhunderts war er in den Lehrplan verschiedener Schulen und Erziehungsanstalten aufgenommen worden. Nach Ansicht des deutschen Aufklärungs-Pädagogen Christoph Salzmann wurde dem Schwimmen, *ebenso wie dem Turnen Vorteile höherer Art* beigemessen. Sein Assistent Johann-Christoph Guths-Muths hatte sich große Verdienste darum erworben, auch das Schwimmen *als Ideal einer gymnastischen Übung* zum Bestandteil seiner Arbeit in der Erziehungsanstalt in Schnepfenthal bei Gotha zu machen. In seinem *Lehrbuch der Schwimmkunst* von 1798 legte er die Grundlagen für eine pädagogische Systematik.

Weiteren Aufschwung erhielten diese reformpädagogischen Bestrebungen durch die Einrichtung von Flussschwimmbädern. Nach dem Vorbild der im Jahre 1817 in Berlin für die Militärausbildung angelegten Badeanstalt des preußischen Generals Ernst von Pfuel wurden dazu am Rande von Flüssen und Seen hölzerne Areale abgetrennt. Über Stege konnte sie jedermann erreichen, wobei für Frauen gesonderte Bereiche vorbehalten waren. Als

Schwimmunterricht. Anfangshaltung an der Leine und die ersten Armbewegungen (rechte Seite).

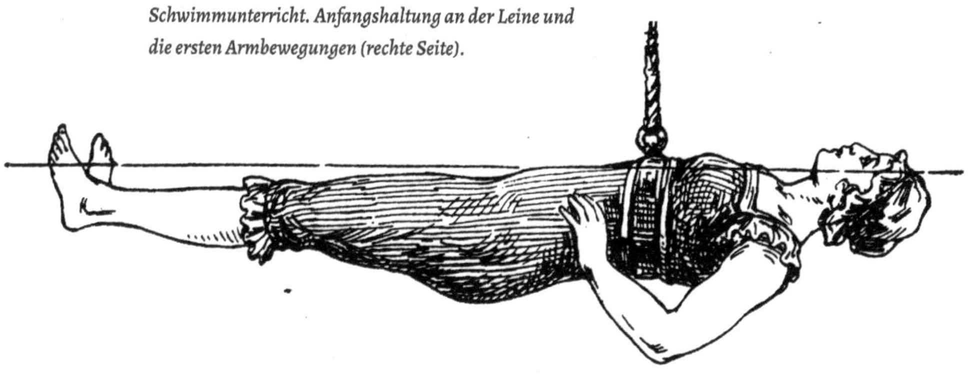

Grundlage für den Schwimmunterricht diente die Pfuelsche Methode nach Art der Frösche. *Die dem Froschschwimmen entlehnte Art des Schwimmens ist die beste Methode, sich am schnellsten im Wasser fortzubewegen, weil sie die am wenigsten ermüdende ist,* urteilte eine Schwimmanleitung der damaligen Zeit und befand im Allgemeinen: *Körper, welche leichter sind als Wasser, können sich an der Oberfläche desselben ohne künstlich angelerntes Zutun fortbewegen, das heißt, sie können schwimmen. Diejenigen aber, welche schwerer sind als das betreffende Volumen Wasser, werden untersinken. Der Körper des Menschen ist etwas leichter als Seewasser, aber schwerer als Flusswasser.*

Die Bemühungen der preußischen Regierung um eine allgemeine Einführung des Schwimmens waren jedoch nur begrenzt erfolgreich, letztlich auch unter der Einschätzung, *da nur in wenigen Orten Deutschlands die Gelegenheit zum Baden im Fluss oder See als günstig bezeichnet werden kann.* Der Wunsch der Befürworter

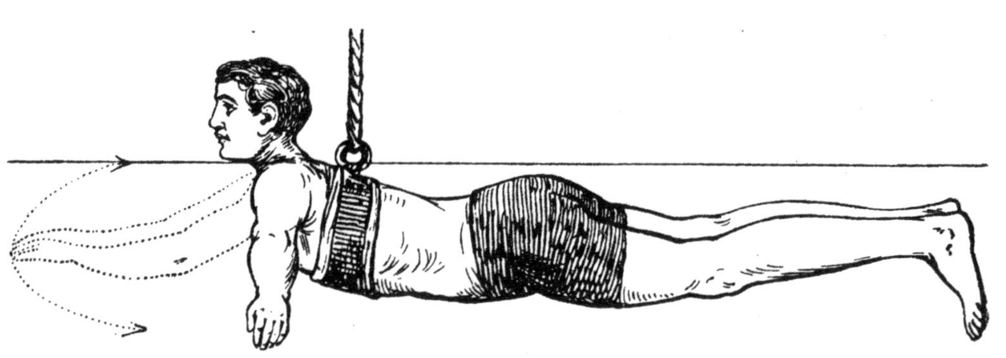

des Schulschwimmens, *daß wenigstens jede größere Schule auch eine Badeanstalt haben wird,* blieb zu allen Zeiten unerreicht. Immerhin schufen verschiedene Schwimmbadbauten in der hiesigen Region, wie die 1910 erbaute Röchling'sche Hüttenschwimmhalle in Völklingen oder das 1932 fertiggestellte Geislauterer Schwimmbad, gute Voraussetzungen.

Noch am Ende des 19. Jahrhunderts verfügten nur zwei bis drei Prozent der Bevölkerung über Schwimmkenntnisse. Ihre Steigerung auf einen heutigen Anteil von über 80 Prozent ist auch den verschiedenen, im Bereich der Wasserrettung tätigen Organisationen zu verdanken. So beispielsweise der 1883 gegründeten Wasserwacht des Deutschen Roten Kreuzes, die ebenso wie die 1913 ins Leben gerufene *Deutsche Lebens-Rettungs-Gesellschaft* (DLRG), von Anbeginn wertvolle Aufbauarbeit leistete. Letztere nahm im Bereich des früheren Landesverbandes Rheinprovinz, dem späteren LV Saar, im Jahre 1926 ihre Tätigkeit auf. Der erste DLRG-Lehrscheininhaber war Paul Blandin aus Völklingen. Er konnte am 5. Januar 1926 die Ausbildungskurse beginnen. Im Rahmen der vielfältigen Bereiche dieser Organisationen nimmt der Schwimmunterricht auch aktuell einen hohen Stellenwert ein. Der Wiederbelebung von Ertrinkenden kommt aber nach wie vor besondere Bedeutung zu.

Der Mitbegründer der Ersten Hilfe, der Kieler Chirurg Professor Johann Friedrich von Esmarch, hatte hierzu schon 1882 in seinem *Erste-Hilfe-Leitfaden* erläutert: *Man stelle den Ertrunkenen nicht auf den Kopf, sondern lege ihn zunächst auf einer Unterlage von Decken oder Kleidungsstücken oder über ein Knie auf den Bauch, den einen Arm unter den Kopf, den Kopf und die Brust etwas tiefer als den übrigen Körper und übe einen Druck auf den Rücken aus, um die in Lunge und Magen eingedrungene Flüssigkeit ausfließen zu lassen.*

Die Mosel bei Trier. Ein reines Damenschwimmbad lag ab 1902 bei den Krahnen vor Anker.

Postkarte um 1900.

ALBRECHT MEYDENBAUER: PIONIER DER BILDMESSUNG

Tholey um 1920. Albrecht Meydenbauer fertigte insgesamt 16 Aufnahmen von seinem Geburtsort.

Eine Pistolenkugel wird abgefeuert. Ihr Flug wird von der Filmkamera in Zeitlupe aus einer Rundum-Perspektive begleitet. Viele Kinobesucher bestaunten diesen virtuellen Spezialeffekt erstmals in dem Film *Matrix* im Jahr 1999. Sie wären sicherlich noch mehr erstaunt gewesen in Anbetracht des Alters der damit im Grundsatz verbundenen Verfahrenstechnik, der Fotogrammetrie.

Vor mehr als 150 Jahren stellte der deutsche Architekt Albrecht Meydenbauer erstmals diese Methode zur Erzeugung von verzerrungsfreien Bildern der Öffentlichkeit vor. Mit dieser Pionierleistung, die zeitgleich und unabhängig auch der Franzose Aimé Laussedat entwickelte, wurde der Grundstein gelegt für die Berechnung von Denkmalen und Karten anhand von Fotos. Im weiteren Verlauf dieser messtechnischen Entwicklung entstanden so bis zum Jahr 1941 annähernd 20.000 Messbilder.

Begonnen hatte alles in Tholey, wo Albrecht Meydenbauer am 30. April 1834 als drittes Kind eines Landarztes geboren wurde. In den von Rudolf Meyer 1985 herausgegebenen Lebenserinnerungen von Albrecht Meydenbauer beschreibt dieser den Zeitpunkt seiner Geburt mit ... *Verhältnissen, die dem Knaben eine trübe Zukunft in Aussicht stellten.* Der Vater war kurz zuvor gestorben und um sich eine bessere Lebensperspektive zu erschließen, übersiedelte die Familie im Jahre 1838 nach Trier. Meydenbauers Mutter nahm dort eine Stelle als Lehrerin an der evangelischen Elementar- und Garnisonsschule an und auch er selbst besuchte dort den Unterricht. Er war ein gelehriger Schüler und darum unterstützte seine

Porträt Albrecht Meydenbauer um 1910.

Mutter den anschließenden Besuch des Realgymnasiums trotz der schwierigen finanziellen Situation. Seinen Abschluss erhielt er 1854, nachdem ihm ein Praktikum beim Wasserbauinspekteur Hermann in Trier zuvor notwendige Kenntnisse für die Ausbildung zum Baumeister vermittelt hatte. Insbesondere durch seine Fähigkeiten im zeichnerischen Bereich konnte Meydenbauer im Oktober 1854 ein Stipendium für das Königliche Gewerbe-Institut in Berlin in Anspruch nehmen. Er wechselte jedoch nach eineinhalb Jahren an die Bau-Akademie, um hier sein Studium fortzusetzen.

Bereits vor Ablegung seiner Prüfung zum Regierungs-Bauführer erhielt er vom Konservator der Kunstdenkmäler in Preußen, Friedrich von Quast, den Auftrag zu Vermessungsarbeiten am Wetzlarer Dom. Ein Unglücksfall, der ihn dabei fast abstürzen ließ, weckte die Frage nach grundsätzlich gefahrloseren Verfahren zur Vermessung von Bauwerken und sollte Meydenbauers weiteren Lebensweg bestimmen. Nach seinem Studienabschluss war er anfangs als Bauführer mit den Instandsetzungsarbeiten an verschiedenen Baudenkmälern, wie beispielsweise dem Erfurter Dom, betraut. Ab 1864 widmete er sich zunehmend der Entwicklung des Messbildverfahrens, dass er 1867 mit der dann gültigen Bezeichnung *Photogrammetrie* versah. Bei diesem Verfahren werden Größe, Form oder Standort eines Objektes mittels Fotos bestimmt. In einem ersten Schritt wird dazu beispielsweise das Denkmal mit einem besonderen Aufnahmegerät, einer Messkammer, von drei verschiedenen Standpunkten aus fotografiert. Mit speziellen Auswertegeräten in den Arbeitsräumen erfolgt im Anschluss daran die eigentliche Messung. Vereinfacht gesagt wird nun die räumliche Lage der einzelnen Bilder zueinander wiederhergestellt.

Die Berechnungen bei dieser gemeinsamen Ausgleichung erfolgt auf der Grundlage des Gesetzes der Zentralprojektion. Dieses Verfahren ermöglicht die perspektivische Abbildung von dreidimensionalen Objekten auf ein Bild. Ebenso werden im Weiteren die Bedingungen der sogenannten Komplanarität, bei der verschiedene Geraden auf einer Ebene liegen, eingehalten. Die Idee Meydenbauers, das manuelle Messen durch die messtechnische Auswertung von Fotos zu ersetzen, ließ sich in verschiedenen Bereichen einsetzen. Dadurch, dass dieses Verfahren berührungsfrei arbeitet, war eine Dokumentation von empfindlichen Objekten wie Kunstwerken ebenso möglich wie die Aufnahme von nicht zugänglichem Gelände. Besonders diese Möglichkeit zur Erstellung topografischer Karten machte die Fotogrammetrie für das preußische Militär interessant. Bereits im März 1866 hatte Meydenbauer eine Denkschrift an das Preußische Kriegsministerium gerichtet, die großes Interesse fand. Auf Vorschlag des Chefs des Ingenieurcorps, General von Wasserschleben, sollte das Verfahren mit einer Versuchsarbeit an der Festung Saarlouis getestet werden. Im August 1867 beschrieb Meydenbauer die dabei gewonnenen Erkenntnisse: *Sechs volle Monate dauerte die Aufnahme der Festung ... Der Standpunkt der Kamera war 16 Fuß über dem Terrain auf einem transportablen Gerüst, um die nächsten unwesentlichen*

Gegenstände: Buschwerk, Feldfrüchte und die gaffenden Gesichter der auf den entlegensten Feldern unvermeidlichen Zuschauer einen nicht zu ungebührlichen Raum auf den Platten einnehmen zu lassen. Die Kirchtürme gewährten außerordentlich günstige Standpunkte für die Kamera …

Auch wenn die Vermessung der Festungsumgebung aus Kostengründen nicht zu den erhofften Resultaten führte, erhielt Meydenbauer die Möglichkeit zu weiteren Erprobungen seines Messverfahrens. Mit Beginn des Deutsch-Französischen Krieges 1870 wurde er zur Feldeisenbahn-Abteilung einberufen, um hier im Auftrag des Kriegsministeriums die Planung und den Bau einer Eisenbahnstrecke in Frankreich zu begleiten.

Nach Kriegsende begann er mit den Vorarbeiten zu einer Moselbahn zwischen Trier und Koblenz. In Koblenz erstellte er auch eine Aufnahme der Castor-Kirche. Als Architekt machte er sich einen Namen mit dem Bau des Chemischen und des Physiologischen Institutes in Marburg, ebenso wie der dortigen Augen- und Medizinischen Klinik. Im Jahre 1885 erhielt er die Ehrendoktorwürde der Universität Marburg und eine Berufung nach Berlin. Hier initiierte er im Herbst 1887 eine Ausstellung mit Messbildaufnahmen, und bei dem begleitenden Vortrag vor der Kaiserinmutter und dem gesamten Hofstaat konnte er einmal mehr auf die Bedeutsamkeit seines Verfahrens hinweisen.

Die sich im Folgenden anschließende Reise nach Baalbek im heutigen Libanon beschrieb Meydenbauer später als einen persönlichen Höhepunkt seines bewegten und von vielen Auszeichnungen begleiteten Lebens. Nachdem er auf der Durchreise schon die Hagia Sophia in Konstantinopel mit seiner Messbildtechnik aufgenommen hatte, folgten in Baalbek die Ruinen nahe der syrischen Grenze. Insgesamt hatte Albrecht Meydenbauer seit der von ihm gegründeten Preußischen Messbildanstalt im Jahre 1885 bis zu seiner Pensionierung 1909 einen Bestand von 1.080 Denkmalobjekten mit mehr als 11.940 Messbildern geschaffen.

Die Qualität der Glasplattennegative ist durch die Auslagerungen während des Zweiten Weltkrieges und zeitbedingte heutige Auflösungserscheinungen jedoch in Mitleidenschaft gezogen und in ihrem Fortbestand gefährdet. Das Brandenburgische Landesamt für Denkmalpflege hat sich deshalb zur Aufgabe gesetzt, dieses auch für zukünftige Restaurierungsarbeiten an Denkmalen unschätzbare Archiv durch eine Duplizierung des Bestandes zu erhalten. Albrecht Meydenbauer, der am 15. November 1921 starb und in Bonn-Bad Godesberg beigesetzt wurde, hätte es zu schätzen gewusst.

INFOBOX

Informationen zum Leben und Werk von Albrecht Meydenbauer: Museum Theulegium, Tholey.

Hartls Phototheodolith.

III. Justizangelegenheiten

BEI MISSACHTUNG FOLGTE STRENGSTE STRAFE

»Hast du Minimax im Haus, löschst du jedes Feuer aus.« Feuerlösch-Apparat der Firma Minimax, die legendäre »Spitztüte« aus dem Jahr 1902.

Das Jahr 1847 begann für den Strumpfwirker Nikolaus Becking in Saarlouis katastrophal. In der Nacht vom 16. auf den 17. Januar brach in seinem Haus ein Feuer aus und vernichtete fast seine ganze Habe. Nur durch das mutige Eintreten von Ludwig Tortority, Sebastian Notton, Nikolaus Hesse und Johann Nattermann bei den Löscharbeiten konnte noch Schlimmeres verhindert werden. Sie wurden ebenso wie Friedrich Gautrein, Johann Heyer und Ludwig Paquet für ihre Leistungen bei der Brandbekämpfung von der königlich-preußischen Regierung öffentlich gelobt. Diese Auszeichnungen wurden auch mit dem Ziel, die Bedeutung des Brandschutzes im Bewusstsein der Bevölkerung zu halten, regelmäßig veröffentlicht. Ebenso dienten die Mahnungen von staatlicher Seite in den amtlichen Mitteilungsblättern diesem Zweck: *[Es wird] ... da ungeachtet des bestehenden Verbots noch immer auf den öffentlichen Plätzen und in den Straßen ohne Deckel auf den Tabakspfeifen geraucht wird, hiermit jedermann wiederholentlich gewarnt, ohne Deckel auf der brennenden Tabakspfeife nicht öffentlich zu erscheinen, indem er sich im Betretungsfall die strengste polizeiliche Strafe zuziehen würde.*

Die Mahnungen waren berechtigt, denn die Hausdächer wurden vielerorts noch mit Stroh gedeckt. So verhinderte beispielsweise nur das rasche Eingreifen des Schöffen Johann Rupp und des Schmiedes Peter Heinrich am 11. Februar 1834 eine größere Brandkatastrophe in Neuforweiler. Ein Feuer in einem Haus mit Strohdach drohte auf die ebenfalls mit Stroh bedeckten Nachbarhäuser überzugehen.

Doch nicht immer kam die Hilfe noch rechtzeitig. Bei einem Brand am 2. und 3. Juni 1834 in Hostenbach mussten über vierzig Einwohner Schäden an Hab und Gut beklagen. Um in solchen Fällen einen finanziellen Ausgleich geben zu können, unterstützten die Regierungen die Bestrebungen, für die Häuser eine entsprechende Brandversicherung abzuschließen.

So führte Preußen nach der Übernahme eines Teiles der Länder, die bis 1794 dem Fürsten von Nassau-Saarbrücken gehört hatten, auch deren Brandversicherungsordnung weiter fort. Sitz der zuständigen Versicherungsanstalt war, ähnlich dem des Oberpräsidenten der Rheinprovinz, in Koblenz. Nach der Einrichtung einer Filial-Brandversicherungskasse in Trier wurden hier bis zum Jahre 1836 die Schadensfälle abgewickelt. Außer der *Coblenz-Trierer Feuerversicherungs-Anstalt* existierte noch eine zweite Versicherungskasse, welcher die Regierungsbezirke Düsseldorf, Köln und Aachen zugeordnet waren. Mit dem Entwurf eines *Provinzial-Feuer-Societäts-Reglements*, der auf dem dritten Rheinischen Provinziallandtag im Mai 1830 vorgelegt wurde, sollte für die ganze Monarchie eine einheitliche Grundlage geschaffen werden. Zwei Jahre später genehmigte der Landtag die *Provinzial-Feuer-Societät* der Rheinprovinz, die sich jedoch erst am 5. Januar 1836 konstituierte. Ihr stand eine Direktion vor, die sich aus einem Direktor, einem Inspektor und einem Rendanten zusammensetzte. Für ihre Ernennung, die für einige Jahre oder auf Lebenszeit erfolgte, benötigten sie die Zustimmung des Provinzial-Landtages und die des Innenministers.

Außer der *Provinzial-Feuer-Societät* gab es noch verschiedene private Brand-Versicherungsgesellschaften, die mit ihren vor Ort eingesetzten Agenten um Kunden warben. Diese mussten entsprechend der Verordnung vom 8. Mai 1837 eine polizeiliche Genehmigung nachweisen.

Der Kaufmann Wilkens aus Saarbrücken hatte diese Konzession am 6. Februar 1847 erhalten und konnte so als Agent der *Preußischen National-Versicherungsgesellschaft zu Stettin* in Saarbrücken tätig sein. Die Gesellschaft hatte insgesamt vier Agenten in der Region und zählte damit zu den kleineren Brandkassen. Ähnlich wie eine *Englische Feuer-Versicherungs-Gesellschaft*, die durch einen Agenten in Saarlouis vertreten wurde. Die bedeutendste dieser privaten Feuerversicherungen war die Aachen-Münchener, für die 1847 außer einem Hauptagenten in Trier noch vierzehn weitere Agenten tätig waren.

In der Mitte des 19. Jahrhunderts existierten annähernd fünfzig Versicherungsgesellschaften in der preußischen Rheinprovinz und es herrschte eine starke Konkurrenz. In diesem Wettbewerb versuchte die *Provinzial-Feuer-Societät* beispielsweise durch eine Senkung der Beitragssätze für neue Kunden interessant zu sein. Hatte der Beitrag bis zum Jahre 1836 noch zwischen einem und 23 Silbergroschen pro 100 Taler Versicherungswert für die verschiedenen Klassen gelegen, so wurde der Satz ab 1836 entsprechend auf zehn Pfennig bis elf Silbergroschen ermäßigt. Die Ermäßigung dieser Beiträge, vor allem aber die bedeutenden Brandschäden, führte im Jahr 1842 zu einem Defizit von 253.000 Talern.

Im darauffolgenden Jahr machten allein vierzehn Feuersbrünste mit 34 beschädigten Häusern im Kreis Merzig und 13 Brandfälle mit 50 betroffenen Häusern im Kreis St. Wendel einen Großteil der Brandschadenvergütungen aus. Da insbesondere die Strohdächer als wesentliche Brandursache galten, hatte die preußische Regierung schon im Februar 1825 verfügt, alle neuen Dächer mit Ziegeln oder Schiefer, mindestens aber mit Lehmziegeln einzudecken. Bei Zuwiderhandlungen sollten die örtlichen Behörden zur Rechenschaft gezogen und ... *die betreffenden Bürgermeister zu einer angemessenen Ordnungsstrafe [verurteilt werden].*

Rechte Seite: Verschiedene Modelle eines Spritzkastens, um das Wasser zum Brandherd zu leiten.

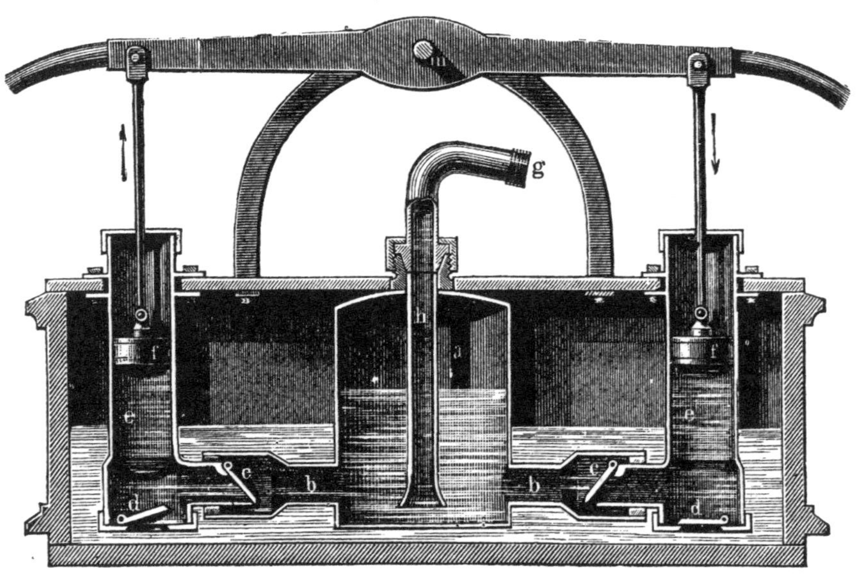
m
g
h
a
f
f
e
e
c
c
b
b
d
d

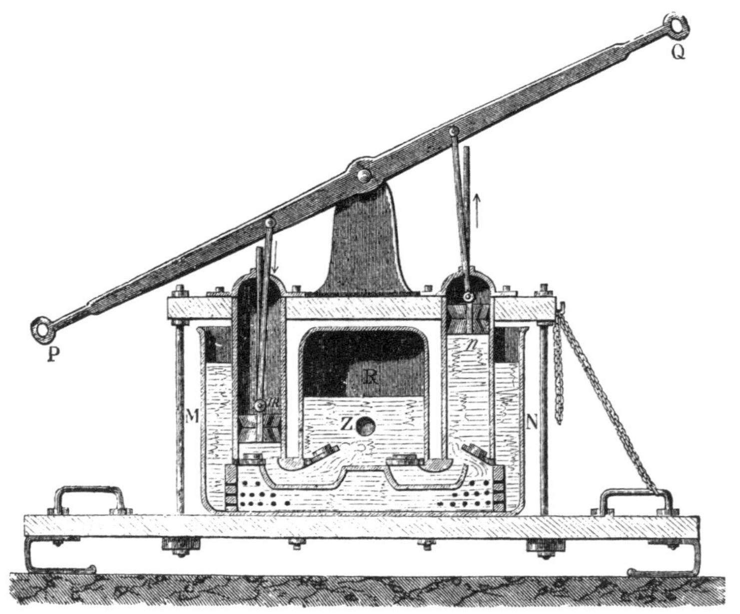
Q
P
M
N
R
Z
n
n

VON MILITÄRPFLICHTIGEN UND DESERTEUREN

Kaserne des 1. Rheinischen Feld-Artillerieregiments von Holpendorf Nr. 8 in Saarlouis.

Postkarte von 1918.

Das Urteil des preußischen Kriegsgerichtes wurde am Morgen des 31. Januar 1826 in Saarlouis vollstreckt. Der 1799 in Dillingen geborene Carl Ludwig F. von der 8. Artilleriebrigade war für schuldig befunden worden, dreimal *in Friedenszeiten* desertiert zu sein und seine Wache, den Musketier Ermert, ermordet zu haben. Die dafür verhängte Strafe *des Rades von oben* war vom preußischen König durch Allerhöchste Kabinettsorder *gemildert* und in eine Hinrichtung in der *in den Rheinprovinzen üblichen Weise* durch Enthauptung abgeändert worden.

Das Verfahren, Todesurteile nicht sofort zu vollstrecken, sondern der Regierung einzusenden, die es dann dem Landesfürsten zur Bestätigung oder Begnadigung vorlegte, war schon in der Zeit vor 1794 praktiziert worden. Mit der Übernahme der Landesteile durch die Franzosen war nachfolgend die französische Gerichtsverfassung eingeführt worden. Sämtliche Gerichte unterstanden dem Justizminister, der in bestimmten Fällen auch den Vorsitz am Kassationsgerichtshof, dem obersten Gerichtshof, führte. Alle höchsten Richter wurden vom Kaiser auf Lebenszeit ernannt.

In der preußischen Monarchie stellte das Justizministerium in Berlin die höchste Justizbehörde. Zwei Direktoren, von denen einer mit der Verwaltung des Bezirkes des Appellations-Gerichtshofes zu Köln beauftragt war, sowie zehn Räte versahen hier ihren Dienst. Ebenfalls in Berlin war der Rheinische Revisions- und Kassationshof eingerichtet. Dieser, für die preußischen Rheinprovinzen oberste Gerichtshof, war am 15. Juli 1815 eröffnet worden und er bestand bis 1852. Neben dem Präsidenten Christoph Wilhelm Heinrich Sethe gehörten ihm neun Geheime Oberrevisionsräte, ein Generalprokurator, ein Generaladvokat, ein Obersekretär und ein Sekretär sowie acht Advokatanwälte an. Die Unterscheidung zwischen Prokuratoren und Advokaten bezog sich dabei auf die unterschiedlichen Schwerpunkte der Juristen im Gerichtsverfahren und ist einer Aufteilung zwischen Staatsanwalt und Verteidiger vergleichbar.

Dem Revisions- und Kassationshof untergeordnet war der für die Rheinprovinz zuständige Rheinische Appellations-Gerichtshof in Köln, an dem die Urteile der Landgerichte in der zweiten Instanz verhandelt wurden. Dieser Gerichtshof setzte sich zusammen aus einem Präsidenten, drei Senatspräsidenten, 24 Appellations-Gerichtsräten, einem Assessor, einem General-Prokurator, drei General-Advokaten, drei Prokuratoren, einem Obersekretär, ebenso wie neunzehn Advokatanwälten. Am 12. April 1847 war mit ministerialer Verfügung auch Friedrich Christian Böcking aus Saarbrücken, vom *bisherigen Landgerichts-Referendar zum Advokaten im Bezirke des Königlichen Appellationsgerichtshofes zu Köln* ernannt worden.

Insgesamt hatte es nach der Übernahme der Rheinprovinz durch Preußen eine allgemeine Neuorganisation der Justizbehörden gegeben. In Folge des Pariser Friedens vom 20. November 1815 waren die von Frankreich abgetretenen Cantone Saarbrücken, St. Johann, Saarlouis und Rehlingen in einem provisorischen Kreisgericht zu Saarbrücken zusammengeführt worden. Den Friedensgerichten *[heute: Amtsgericht]* zu Saarbrücken und Saarlouis oblag dabei die *Zuchtpolizeigerichtsbarkeit* für diese Cantone, bevor sie 1816 dem provisorischen Zuchtpolizeigericht in Saarbrücken und die Appellation [Berufung] an den Appellhof in Trier überwiesen wurde.

Im Zuge der weiteren Justizverwaltungsreform wurden die Kreisgerichte aufgehoben und an deren Stelle Landgerichte errichtet. So nahm am 1. August 1820 das Landgericht Trier seine Arbeit auf, zu dessen Bezirk 26 Friedensgerichte gehörten, darunter die in Saarlouis, Lebach, Wallerfangen, Ottweiler, Dudweiler, Merzig, Wadern und Freudenburg. Fast ein Jahr zuvor, am 1. Oktober 1819, war das Kreisgericht Saarbrücken aufgelöst worden. Die hier vormalig tätig gewesenen Advokatanwälte Peter Joseph Schraut und Friedrich Wilhelm Rupp wechselten nun zum Landgericht Trier.

Die Zuständigkeit des Landgerichtes und des Untersuchungsamtes zu St. Wendel endete am 2. November 1835. An diesem Tag nahm das neu errichtete Landgericht in Saarbrücken seine Arbeit auf. Durch eine Allgemeine Kabinettsorder war am 21. Januar 1835 vom preußischen Justizminister von Kamptz verfügt worden, dass *die gesamte Gerichtsbarkeit des Landgerichtes zu St. Wendel und des Land- und Handelsgerichtes zu Trier über den Gerichtssprengel des Landgerichtes zu Saarbrücken auf Letzteres über[geht], welche daher in Civil- und Strafsachen, so wie in jeder anderen Beziehung alle Rechte und Attributionen der übrigen Landgerichte der Rheinprovinz beigelegt werden.*

Der Sprengel [Gerichtsbezirk] des Landgerichtes Saarbrücken umfasste die Kreise Saarbrücken, Ottweiler, Saarlouis und St. Wendel. Seine Zuständigkeit bezog sich auf annähernd 140.000 Einwohner und flächenmäßig auf etwa 31 Quadratmeilen *[1 Meile entspricht 7,5 Kilometer]*. Ihm zugeordnet waren die Friedensgerichte [Amtsgerichte] in Grumbach, St. Johann, Lebach, Ottweiler, Saarlouis, Tholey, Wallerfangen und St. Wendel.

Bei einem Jahresetat von 14.000 Talern waren im Jahre 1847 am Landgericht Saarbrücken sechzehn Beamte angestellt. Neben dem Präsidenten Bessel, einem Kammerpräsidenten und dem Oberprokurator Matzerath versahen vier Räte, von welchen der Landgerichtsrat Schmitz im laufenden Jahr zum Untersuchungsrichter ernannt war, hier ihren Dienst. Eine *etatmäßige Assessorstelle* begleitete der Kammergerichtsassessor Landau. Daneben hatten sieben Advokatsanwälte, sowie 17 Notare und 22 Gerichtsvollzieher eine Zulassung für den Landgerichtsbezirk.

Eine Übersicht belegt, dass im Gerichtsjahr 1835/36 mehr als 630 Zivil- und Handelsprozesse am Landgericht Saarbrücken geführt wurden. Fast 100 Armenrechtsanträge wurden entschieden. An Strafsachen wurden 15 Kriminal- und mehr als 930 *correctionelle* Verfahren geführt. Zehn Jahre später war der Anteil auf über 800 Zivilverfahren und annähernd 1.200 Strafprozesse angestiegen. Insbesondere die aus der Not heraus verübten Straftaten der ärmeren Bevölkerungsteile trugen zu dieser Zunahme bei. Oftmals versuchten sich diese der Strafe durch Flucht zu entziehen. Dementsprechend gab der Oberprokurator Matzerath zu verschiedenen Zeiten ein Verzeichnis von Straftätern bekannt, nach denen alle Militär- und Zivilbehörden fahnden sollten.

Auf der Liste vom 18. Juni 1847 war auch die *Dienstmagd Eleonore Hesse, wohnhaft zu Drahtzug*, vermerkt, die zu einer eintägigen Gefängnisstrafe verurteilt worden war. Ihr Vergehen: Kleediebstahl.

Das Landgericht in Saarbrücken. Das Gebäude war während der Völkerbundzeit bis 1935 Sitz der Regierungskommission des Saargebiets.
Postkarte aus den 1920er Jahren, nachträglich koloriert.

IM ZWEIFEL
FÜR DEN ANGEKLAGTEN

Zwei Offiziere der preußischen Kavallerie. *Illustration von Richard Knötel, Berlin 1890.*

Mehr als 24 Jahre hatten die Angehörigen vergeblich auf ein Lebenszeichen von Balthasar André aus Merzig gewartet. André war 1813 als französischer Soldat in Kriegsgefangenschaft geraten und seitdem *nicht mehr zum Vorschein* gekommen. Am 28. Februar 1837 eröffnete seine Familie das offizielle Verfahren, ihn als *abwesend* zu erklären. Auch von Guillaume Gout, gebürtig aus Saarbrücken, kamen keine Nachrichten mehr in der Heimat an. Er hatte am 20. März 1813 seinen Dienst bei der napoleonischen Kaisergarde in Courbevoie angetreten. Die beiden Vermissten gehörten zu den mehr als 23.000 Preußen, die als Militärpflichtige zur napoleonischen Armee eingezogen, *conscribiert*, wurden.

Nach der Übernahme des Saardepartements durch die französischen Revolutionstruppen 1798 war durch das Gesetz vom 19. *fructidor VI* (5. September 1798) die Bildung einer Landarmee durch gemusterte Wehrpflichtige und angeworbene Freiwillige festgelegt worden. Auf den folgenden verschiedenen Feldzügen Napoleons waren hohe Verluste des französischen Heeres zu verzeichnen. Dementsprechend stieg der Bedarf an Konskribierten. Für das Jahr 1802 wurden aus dem Saardepartement 300 Mann, jeweils 150 Mann zum stehenden Heer und zur Reserve angefordert. Für 1806 hatte sich der Bedarf an Soldaten mehr als vervierfacht und im Jahre 1810 gab die Generalliste eine Anzahl von 1630 jungen Männern an, die für den Dienst im französischen Heer vorgesehen waren.

Zur Aushebung der Wehrpflichtigen begaben sich die Unterpräfekten in die einzelnen Orte, wo sich alle zwanzigjährigen

Männer zu versammeln hatten. Sie wurden namentlich aufgerufen, um sich ein Los aus einer Urne zu ziehen. Dabei galten Krankheit oder Gebrechlichkeit als Ausschließungsgrund, wobei dieses von einem Gesundheitsbeamten in Gegenwart des Militärkommandanten (vom 2. Bataillon Saarlouis) und des Präfekten attestiert werden musste. Die diensttauglichen Wehrpflichtigen konnten sich aber auch durch Stellvertreter, die das Los nicht getroffen hatte, ersetzen lassen. Besonders in den Kriegsjahren wurden zuweilen *bis zu 1.000 Thaler* für die Stellvertreter bezahlt und manche Familie dadurch um ihren Wohlstand gebracht.

Nach der Niederlage der preußischen Truppen im vierten Koalitionskrieg 1806 bei Jena und Auerstedt wurde insbesondere auf Betreiben des preußischen Generals Gerhard von Scharnhorst eine grundlegende Heeresreform angestrebt. Durch eine relativ kurze Wehrdienstdauer in der Landwehr wurde insbesondere für die Zeit der Freiheitskriege in relativ kurzer Zeit eine hohe Anzahl an Reservisten ausgebildet. In diesem sogenannten Krümper-System waren alle 17 bis 40 Jahre alten wehrfähigen Männer erfasst, die nicht zu den regulären Einheiten eingezogen waren oder sich freiwillig für ein Jahr verpflichtet hatten. Durch die vorzeitige Entlassung von nahezu einem Drittel der Soldaten und deren Ersetzung durch neue Rekruten konnte so eine Truppenstärke von fast 120.000 Mann aufgebaut werden.

Nach der preußischen Übernahme der Rheinprovinz wurde das *Gesetz über die Verpflichtung zum Kriegsdienste* vom 3. September 1814 weiter fortgeschrieben und mit verschiedenen Verordnungen und Instruktionen weiter kodifiziert. Für den Regierungsbezirk Trier galten im Jahr 1816 mehr als 9.000 junge Männer zwischen 21 und 26 Jahren als *geeignet für den dreijährigen aktiven Dienst im stehenden Heer*. Für die Landwehr, die nur im Kriegsfall zusammentrat, waren im ersten Aufgebot die 26- bis 32-Jährigen mit mehr als 11.000 Wehrpflichtigen angegeben. Für das zweite Aufgebot der 33- bis 39-Jährigen lag die Zahl bei annähernd 10.500 Männern. Das erste und zweite Aufgebot absolvierte jährlich zwei, beziehungsweise eine Übung von durchschnittlich zwei Wochen Dauer. Zur Aushebung wurden die Namen aller Militärpflichtigen in den amtlichen Mitteilungen veröffentlicht und sie wurden aufgefordert, *sich binnen zwei Monaten bei den betreffenden Behörden zur Einstellung zu melden, widrigenfalls sie als widerspänstige, die Militärpflicht verweigernde Unterthanen erklärt und als solche bei den competenten Gerichten verfolgt werden.* So waren beispielsweise für März 1827 die Namen von über 50 Männern aus der Region aufgeführt, die dieser Aufforderung bis zu dem Zeitpunkt nicht gefolgt waren. Peter Wity aus Neuforweiler, Nikolaus Kipp aus Bisten, Jakob Schiltz aus Eimersdorf oder Johann Ponsin aus Differten gehörten dazu, ebenso wie Johann Steffen aus Großhemmersdorf, sowie Mathias Thomas und Nikolaus Talbeaux aus Saarlouis. Nach dem Sieg über Napoleon zeigten sich die zunehmenden Schwierigkeiten, eine Identifikation des aufstrebenden Bürgertums mit den Inhalten preußischer Militärpolitik zu erzielen. Neben den langen Namenslisten von Militärpflichtigen füllten sich die amtlichen Veröffentlichungen nunmehr mit hunderten Steckbriefen von Deserteuren. Einer von ihnen war Johann Georg Mohr aus Hüttigweiler. Der 22-jährige Musketier hatte den Aufenthalt im Trierer Garnisonslazarett genutzt, um am 22. Dezember 1832 zu desertieren. Nachdem er am 21. Januar 1833 wieder in die Garnison Trier zurückgekehrt war, findet sich sein Name am 12. Dezember 1833 erneut auf der Fahndungsliste der Militärbehörde. Dieses Mal hatte er neben der Dienstbekleidung auch *einen Säbel mit weißem Koppel* mitgenommen. Die Aussicht auf eine militärrechtliche Sanktionierung, indem *er für einen Deserteur zu erachten, sein Bildnis an den Galgen zu schlagen und sein gegenwärtiges und zukünftiges Vermögen zur betreffenden Regierungs-Haupt-Kasse einzuziehen sei,* wirkte vielfach nicht abschreckend. Dementsprechend wurde das am 25. Juni 1833 ausgesprochene *Confiscations-Urtheil* gegen den Deserteur Nikolaus Gärtner aus Saarfels vollstreckt und *die demselben zugehörigen und jetzt dem Königlichen Fiscus anheim gefallenen acht Parzellen* bei Haustadt öffentlich versteigert.

❦

Die Einnahme des Kurfürstentums Hannover im Jahre 1803 durch das napoleonische Militär.
Stahlstich um 1870.

WIDER DEN HOLZDIEBSTAHL

Die üppigen Wälder aus dem Erdaltertum mit Schachtelhalmen, Schuppenbäumen und Farnen hinterließen reiche Steinkohlevorkommen.
Stahlstich 19. Jahrhundert.

Die gesetzliche Regelung für den Spaziergänger im Wald ist klar: *Wer den Wald benutzt, hat sich so zu verhalten, dass die Lebensgemeinschaft Wald und die Bewirtschaftung des Waldes nicht gestört, der Wald nicht beschädigt, gefährdet oder verunreinigt, sowie die Erholung anderer nicht beeinträchtigt wird,* legt etwa §25 Landeswaldgesetz des Saarlandes vom 9. Juli 2003 fest. Ziel des Gesetzes ist es im Weiteren auch, einen Ausgleich zu schaffen zwischen den Interessen der Allgemeinheit und den Belangen der Waldbesitzer. Annähernd 93.000 Hektar des Saarlandes sind bewaldet und machen es damit zu einem der waldreichen Bundesländer. Davon gehören 41 Prozent (38.250 Hektar) zu den Staatsforsten, die Gemeinden und übrigen Körperschaften sind mit einem Anteil von 30 Prozent beteiligt, was einer Fläche von 27.800 Hektar Wald entspricht. 29 Prozent der Waldfläche (26.500 Hektar) sind in privater Hand.

Gerade in Zeiten steigender Energiepreise zeigt sich die Bedeutung des Rohstoffes Holz auch in der Zunahme des Holzdiebstahls. Ein Nachweis über einzelne, im Wald von den Kurzholzstapeln entwendete Stämme ist jedoch vielfach schwierig und mancher Holzaufkäufer merkt den Verlust erst spät. In der offiziellen Polizeistatistik wird dieser *einfache Diebstahl* nicht besonders erläutert. Vor 178 Jahren war das anders. *Vier Wochen Gefängnis* lautete das Gerichtsurteil, das am 19. Juni 1846 gegen den Tagelöhner Arno Nikolas aus Überherrn wegen Holzdiebstahls verhängt wurde. Auch Johann Schwarz aus Gehweiler, Johann Schuler aus Neuforweiler und Adam Schmidt aus Eppelborn mussten wegen dieses Deliktes in Haft.

In den Verzeichnissen der königlich-preußischen Strafbehörden finden sich ihre Namen neben anderen Verurteilten, die wegen Holz- oder Steinkohlendiebstahls belangt wurden. Es war eine Zeit mit Missernten und Not und das überlebenswichtige Brennmaterial war für viele nicht bezahlbar. Um eine genauere Übersicht über die unerlaubte Holzentnahme aus den Gemeindewaldungen zu erhalten, hatte die preußische Regierung zur Ausführung des Holzdiebstahlsgesetzes vom 7. Juni 1821 eine *Holztaxe zum Gebrauche bei Untersuchungen und Bestrafung der Holzdiebstähle* eingeführt. Mittels der Kategorien *Taxe für Bau-, Werk,- und Nutzholzstangen* und der *Taxe für Nutzholzscheite, Brenn- und Kohlholz, Borke, grünes Reisig mit dem Laube zum Füttern und Besenreiser* wurde fortan die Qualität des entwendeten Holzes bestimmt. Dabei hatte die Strafbarkeit des Holzsammelns immer wieder heftige politische Diskussionen ausgelöst.

Unter der Überschrift *Debatten über das Holzdiebstahlsgesetz* kommentierte Karl Marx als Redakteur der *Rheinischen Zeitung* im Oktober und November 1842 die Verhandlungen des sechsten rheinischen Landtages zu diesem Thema. Der berühmte Theoretiker und Sohn der Stadt Trier setzte sich darin mit der Gesetzesvorlage auseinander und kritisierte, *dass auch das Entwenden von Raffholz oder Auflesen von trockenem Holz unter die Rubrik Diebstahl subsumiert und ebenso hart bestraft werden soll wie die Entwendung von stehendem grünen Holz.* Dieses war von einzelnen Mitgliedern des Landtages wie dem Stadtdeputierten Nikolaus Cetto aus St. Wendel mit der Begründung gefordert worden, dass in den Waldungen seiner Gegend häufig junge Bäume zuerst bloß *angehauen* und, wenn sie dadurch *verdorben*, später als Raffholz verwendet würden. Marx, der in diesen Kommentaren auch erste Vorüberlegungen seiner Geschichtstheorie vornahm, wandte sich strikt gegen die Kriminalisierung des Raffholzsammelns und attackierte das Gesetzgebungsverfahren. *Der Raffholzsammler vollzieht nur ein Urteil, was die Natur des Eigentums selbst gefällt hat, denn ihr besitzt doch nur den Baum, der Baum aber besitzt jene Reiser nicht mehr. Wenn das Gesetz aber eine Handlung, die kaum ein Holzfrevel ist, einen Holzdiebstahl nennt, so lügt das Gesetz und der Arme wird einer gesetzlichen Lüge geopfert.*

Hintergrund für die Gesetzesberatungen im rheinischen Landtag war die zunehmende Bedeutung der Wälder in ihrer wirtschaftlichen Nutzung. Insbesondere die zahlreichen Eisenhütten in der Eifel erforderten zur Feuerung einen beträchtlichen Teil an Holz. Große Mengen an Grubenholz wurden von den Steinkohlegruben der Saarregion gebraucht, so beispielsweise den Gruben in *Geislautern, Sulzbach-Duttweiler und Quierschied*, der *Kronprinz Friedrich Wilhelm Grube* in Schwalbach, der *Prinz Wilhelm Grube* bei Gersweiler oder der *Königsgrube* bei Neunkirchen. Der beginnende Eisenbahnbau benötigte Holz für die Trassen, und lange Zeit war das Holz aus Eifel und Hunsrück auch ein Haupthandelsartikel nach Holland. Vielfach dienten die Gemeindewaldungen nach dem Ende der napoleonischen Kriege als einzig noch verbliebenes Eigentum dazu, die notwendigen Gemeindebauten zu ermöglichen. Als Folge waren viele Waldbestände aufgebraucht. Doch insbesondere in den Vierzigerjahren des 19. Jahrhunderts wurden seitens der preußischen Regierung verstärkte Investitionen zur Wiederaufforstung getätigt. Auch sollte die Förderung der Forstkultur dazu beitragen, *ein größeres Gleichgewicht der Abnutzung mit der Produktion herzustellen und hierdurch auf die Herstellung eines pfleglichen Zustandes dieses kostbaren Gemeindegutes hinzuwirken.* Ein Ziel, das auch heute noch aktuell ist.

❦

Porträt von Karl Marx aus dem Jahr 1875. Der Sozialtheoretiker und Philosoph wurde 1818 in Trier geboren. *Foto von John Jabez Edwin Mayall, coloriert von Olga Shirnina.*

ZUR ERHALTUNG DER RUHE UND SICHERHEIT

Porträt von Joseph Fouché (1759–1820), französischer Staatsmann und Polizeiminister unter Napoleon I. Sein Spitzelsystem war berüchtigt.

Dem Nachmittagsschläfchen, das der Bergmann Leonard Klein aus Burbach am 11. Mai 1834 an einer Hecke nahe der Straße nach Malstatt hielt, folgte ein böses Erwachen. Im Schlaf war ihm seine silberne Taschenuhr und seine mit Silber besetzte Tabakspfeife gestohlen worden.

Auch in Orscholz waren in der Nacht vom 26. auf den 27. Juni 1827 Diebe unterwegs. Sie brachen ein Fenster auf und stiegen in das Haus des alten Bauern Niklas Heisel ein. Als dieser aus dem Schlaf von *einer Bewegung unter dem Kopfe* geweckt wurde, sah er sich mehreren Personen in seinem Schlafzimmer gegenüber, ... *deren Gesichter geschwärzt waren und deren eine [Person] ihn auf dem Bette festhielt, bis sich die anderen entfernt hatten.* Vorher hatte man dem Bauern zwei Schlüssel unter dem Kopfkissen weggenommen und damit zwei Kisten ausgeraubt. Entwendet wurden 30 Francs, *welche in eine alte weiße Schlafmütze eingewickelt waren,* ein neues schwarzes seidenes Halstuch, eine alte englische silberne Taschenuhr, 24 Männerhemden, eine gestreifte Weste und zwei blaue Kittel, sowie ein *grobes Bettuch, bezeichnet P. P.*

Tücher wurden auch in Berus im Kreis Saarlouis in der Nacht vom 6. auf den 7. August 1834 entwendet. Von der dortigen Tuchbleiche verschwanden diverse Stücke, so zum Beispiel *45 Ellen hänfenes Tuch, bezeichnet mit P, 37 Ellen Werkentuch und zwei Tischtücher, sowie zwei Stücke hänfenes Tuch, eins von 50 und das andere von 60 Ellen, beide ganz weiß und gezeichnet mit I. S.*

Mit der Veröffentlichung des Diebstahls ersuchte der Landgerichtsrat und Untersuchungsrichter Röchling aus Saarbrücken

... diejenigen, welche Kenntnis davon haben oder noch erlangen dürften, durch etwaige Feilbietung des Tuchs oder auch auf andere Weise ergebenst, mir oder der nächsten Polizeibehörde Anzeige davon zu machen. Doch die Chancen, den Geschädigten ihr Eigentum zurückzubringen, standen schlecht. Zum einen war es schwierig, die bei Haussuchungen von verdächtigen Personen gefundenen Waren den entsprechenden Delikten zuzuordnen, und verschiedene öffentliche Aufrufe sollten hier Klarheit bringen. Andererseits fand die Hehlerware vielfach raschen Absatz. So im Fall des Auguste Legrand aus Epernay, der beschuldigt wurde, in der Nacht des 25. August 1835 seinen Dienstherrn, den Bauern Nicolas Schmit aus Sinz, bestohlen zu haben. Legrand wurde dabei beobachtet, wie er am nächsten Morgen einen Teil des Diebesgutes in Tünsdorf verkaufte. Seiner Festnahme konnte er sich aber durch Flucht entziehen. So waren die Amtsblätter gefüllt mit den Steckbriefen von *gesuchten Individuen* und Richter Röchling, der die Zunahme der Diebstähle beklagte, mahnte zur verstärkten Fahndung nach den Tätern und *... besonders die Herrn Polizeibeamten desfalls sorgfältige Nachforschungen zu halten, damit es endlich gelingt, derselben habhaft zu werden.*

Während der französischen Zeit lag bei Gemeinden mit mehr als 5.000 Einwohnern die Polizeigewalt in den Händen der *Polizey-Commissaire*, die den *maires*, den Bürgermeistern, unmittelbar unterstellt waren. Davon losgelöst existierte noch eine sogenannte *Hohe Polizey*, die dem Polizeiministerium zugeordnet war. Napoleon Bonaparte hatte nach seiner Kaiserkrönung 1804 Joseph Fouché als Polizeiminister eingesetzt, dem unter anderem der Aufbau eines ausgedehnten Spionagesystems zugeschrieben wurde. Die preußische Regierung legte nach der Übernahme des Saardepartements die Polizeiverwaltung ebenfalls in den Zuständigkeitsbereich des Bürgermeisters oder Landrates. Entsprechend ihrer Größe wurden Saarbrücken und Saarlouis mit jeweils einem *Polizey-Commissair* und mehreren *Agenten* versehen. Die Grundlage ihres polizeirechtlichen Handels leitete sich aus dem § 10 II 17 des Allgemeinen Landrechtes für die preußischen Staaten ab, das 1794 erlassen wurde. Diese Vorschrift lautete: *Die nötigen Anstalten zur Erhaltung der öffentlichen Ruhe, Sicherheit und Ordnung und zur Abwendung der dem Publico oder einzelnen Mitgliedern desselben, bevorstehenden Gefahren zu treffen, ist das Amt der Polizey.*

Auch die Gendarmerien waren dazu bestimmt, ... *die Ruhe und Ordnung und die öffentliche Sicherheit, besonders auf dem Lande und auf den Landstraßen zu erhalten.* Die Gendarmen, die *Männer unter Waffen,* stellten im vorrevolutionären Frankreich über Jahrhunderte die Leibwache des Königs. In napoleonischer Zeit wurden sie mit polizeiähnlichen Aufgaben betraut und dem Innenministerium unterstellt. Die Dienstvorschrift sah vor, dass sie ... *25 bis 40 Jahre alt sein, lesen und schreiben können, drei Feldzüge mitgemacht und dann noch vier Jahre bei der Kavallerie ohne Tadel gedient haben und ein Zeugnis guter Führung und gesunder Leibeskonstitution beibringen [müssen].*

Ab 1798 wurde diese militärisch organisierte Polizei auf dem Lande auch im Saardepartement eingeführt. Hier waren eine Kompanie mit einem Kapitän, einem Leutnant und einem Quartiersmeisterleutnant in Trier sowie jeweils ein Leutnant in Prüm, Birkenfeld und Saarbrücken stationiert.

Nach der Niederlage Napoleons bei der Völkerschlacht von Leipzig am 18. Oktober 1813 und dem Rückzug der französischen Truppen errichtete Preußen Anfang 1814 eine Übergangsverwaltung in den zurückeroberten linksrheinischen Gebieten. Im Februar 1814 verfügte der General-Gouverneur und vormalige Chef der gesamten preußischen Polizei, Justus Gruner, dass diese *Gouvernements-Miliz* in jedem Departement vorläufig aus einer Hauptmannschaft von 109 Männern, teils als Fußvolk und teils als Reiterei, bestehen soll. Durch die Maßgabe, dass jede preußische Provinz in eine Brigade mit Abteilungen und Inspektionsbezirken aufzuteilen sei, kam es in der Folgezeit zu neuen Zuordnungen. Ende des Jahres 1847 sah die Verteilung insgesamt neun berittene Gendarmen für die Kreise Saarlouis, Saarbrücken, Ottweiler, Merzig und St. Wendel vor. Hinzu kamen die Gendarmen zu Fuß und jeweils zwei waren in Merzig und Wadern, in Tholey und Saarlouis sowie in Perl und Lebach unterwegs. In Saarbrücken versahen drei Fußgendarmen ihren Dienst, während Grumbach und St. Wendel jeweils ein Fußgendarm zugeordnet war. Einer der drei Wachtmeister für den Regierungsbezirk Trier war in Saarlouis stationiert. Der gesamte Lohn für die Gendarmerie des Regierungsbezirkes betrug 1847 annähernd 17.000 Taler, zuzüglich von 3.529 Talern für die Fütterung der Pferde. Die Kosten hierfür wurden aus Staatsmitteln beglichen. Ein Versuch der Regierung im Jahre 1824, hier eine Veränderung durchzusetzen, war gescheitert. Die Verfügung, dass die Unterhaltung einer sechzigköpfigen Hilfsgendarmerie in der Rheinprovinz von den Gemeinden aufgebracht werden sollte, musste 1829 auf Antrag der Landstände wieder zurückgenommen werden.

INFOBOX

NEUPREUßISCHE HEERESORGANISATION

Die altpreußische Armee wurde im Krieg von 1806 durch Napoleon völlig zerschlagen, viele Soldaten gingen in Gefangenschaft. Mit der beginnenden Neuformation wurde beschlossen, die alten Regimenter in ihrer bestehenden Form aufzulösen und eine neue Struktur zu schaffen.

Ab 1813 gliederte sich die neupreußische Armee folgendermaßen:

1. Armeekorps (I.,II.,III.)
2. Brigade (gemischter Verband)
3. Infanteriebrigade/Kavalleriebrigade:
   2–3 Infanterie- oder Kavallerieregimenter
4. Regiment
5. Bataillon
6. Kompanie

IV. Medizinalwesen und Fürsorge

PILLEN, PFUSCHER, PHARMAZEUTEN

Die kranke Frau. *Stahlstich 1850.*

Die preußische Justiz kannte keine Gnade mit Hano Hirsch aus Roden. Am 13. April 1829 wurde der Schröpfer wegen *Medizinischer Pfuscherei* zu sechs Monaten Gefängnis verurteilt. Inwieweit die Anklage berechtigt war, muss dahingestellt bleiben, wobei aus heutiger schulmedizinischer Sicht dem Schröpfen keine spezifischen Heilwirkungen beigemessen werden.

Dabei ist es als traditionelles Therapieverfahren in vielen Kulturen seit alters her bekannt und nicht zuletzt auch wegen seines geringen Kostenaufwandes wurde das Schröpfen immer gerne praktiziert. Durch das Aufsetzen sogenannter Schröpfgläser wird dabei auf der Haut ein Unterdruck erzeugt und über hier zuvor eingeritzte Stellen leitet das angesogene Blut die *schlechten Körpersäfte* ab. Das nach der Behandlung an den geschröpften Stellen entstehende Wärmegefühl vermittelte beispielsweise bei Patienten mit Bandscheibenbeschwerden, Rheuma oder Hexenschuss oftmals spürbare Linderung. Entsprechend der aus der Antike und dem Mittelalter überlieferten Vorstellung vom Wechselspiel der verschiedenen Säfte im menschlichen Körper und seinen Auswirkungen auf die Gesundheit wurde den sogenannten *ableitenden Verfahren* auch im 19. Jahrhundert eine große Bedeutung beigemessen. Zu ihnen zählt beispielsweise auch die Blutegelbehandlung. Bei dieser Methode kommt es durch den Biss der Egel an einer vorbestimmten Stelle zu einer kleinen Blutung. Insbesondere die im Speichel der Tiere enthaltenen gerinnungshemmenden Wirkstoffe Heparin und Hirudin führen zu einem kleinen Aderlass von bis zu 10 Milliliter Blut.

Die preußische Regierung, die sich nach der Übernahme des Saardepartements im Jahre 1815 um eine Verbesserung des Medizinalwesens bemühte, hatte insbesondere auch für den Handel mit Blutegeln (Hirudis medicinalis) durch Nicht-Apotheker detaillierte Vorgaben erarbeitet. So mussten sich Händler bei den Polizeibehörden *durch Atteste der Kreis-Physiker [Amtsärzte] gehörig ausgewiesen haben, dass sie den offiziellen Egel von den schädlichen Egel-Arten genau zu unterscheiden verstehen.* Auch war der *Hand-Verkauf* ganz untersagt und ein Verkauf war nur mit schriftlicher Erlaubnis durch approbierte Ärzte oder Wundärzte gestattet. Bei Zuwiderhandlungen drohte der Entzug der erteilten Handelslizenz. Eine im Innenministerium eingesetzte Medizinalpolizei war zur Kontrolle der verschiedenen Medizinal-Verordnungen eingesetzt und mögliche Verstöße wie der Vertrieb von Arzneien durch Wanderhändler wurden von den örtlichen Polizeibehörden dorthin gemeldet. Dadurch sollte die während der französischen Zeit besonders in den ländlichen Gebieten übliche Praxis der Medikamentierung ersetzt werden. Zu der Zeit lag es im Ermessen der französischen Gesundheitsbeamten, in den Orten, in denen keine Apotheken waren, den Kranken *einfache und zusammengesetzte Arzneien* aus ihren Hausapotheken zu verabreichen. Dieses gab aus preußischer Sicht *zu mancherlei Missbräuchen Veranlassung.* Im Jahr 1805 waren im Saardepartement neben 30 Ärzten und 33 Wundärzten auch 15 Apotheker niedergelassen. Die Bevölkerungsanzahl betrug etwas mehr als 257.000 Menschen. Bis zum Jahre 1846 hatte sich das Verhältnis dahingehend verändert,

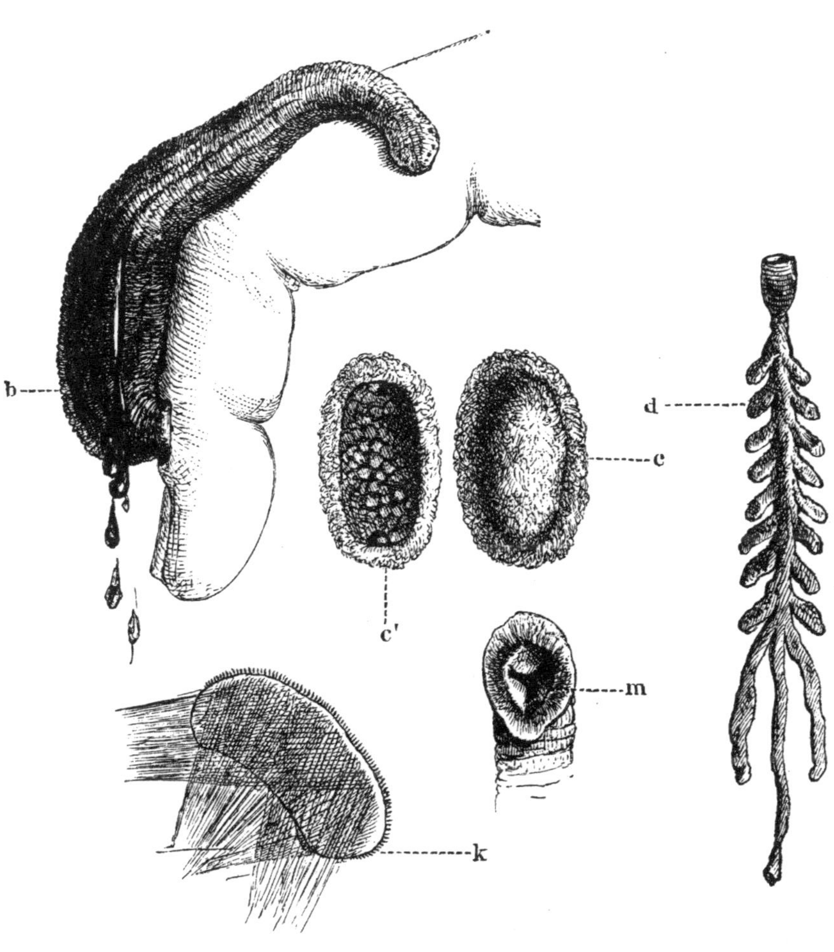

Der medizinische Blutegel. Nach Gebrauch wurde er früher mit Salz bestreut und spie dann das gesogene Blut wieder aus.

dass beispielsweise nun für 12.000 Einwohner ein Apotheker zur Verfügung stand. Zu Beginn der preußischen Regierung existierten in der hiesigen Region Apotheken nur in vier Orten. Für das Jahr 1828 sind für Merzig die Apotheker Heinrich Cronenberg und Heinrich Artois benannt. In Ottweiler hatte sich der durch den Fürsten zu Nassau-Saarbrücken *auf ein Zeugnis des Raths und Landphysikus Rauch* ernannte Apotheker Johann Christoph Wittich niedergelassen. In Saarlouis praktizierten die Apotheker Nicolaus Bassiguy und Franz Staadt. Die medizinische Versorgung in Saarbrücken wurde durch die Apotheker Georg Adam Kiefer, Ludwig Hansel, Wilhelm Förtsch und Eduard Koch sichergestellt. Koch war als *wirklicher Apotheker 1ter Klasse* mit einem Gehilfen geführt und Kiefer, der vom *Jury de médicine* zu Nancy zugelassen war, hatte einen Lehrling. Weitere Apotheken wurden in der Folgezeit in Wadern (1823), Lebach (1839) und Perl (1841) eingerichtet. Im Jahre 1835 kam mit dem Kreis und der Stadt St. Wendel auch die dortige Apotheke zur preußischen Rheinprovinz.

Für die Berechnung der ärztlich verordneten Medikamente war eine staatliche Taxe vorgeschrieben. So setzte beispielsweise eine amtliche Mitteilung vom 3. Mai 1833 darüber in Kenntnis, dass *in Berücksichtigung des gegenwärtigen Ankaufspreises der Blutegel der Preis derselben in den Apotheken von jetzt an auf einen Silbergroschen per Stück festgesetzt worden ist, wonach sich die Apotheker zu richten haben.* Im Fall der Nichtbeachtung der vorgeschriebenen Arznei-Taxe drohte eine Strafe von fünfundzwanzig Taler.

Daneben galten ab 1827 für die Apotheker die Vorschriften der *Königlich-Preußischen Landes-Pharmakopoe*. In dieser umfangreichen Zusammenstellung waren vom preußischen Ministerium für Medizinal-Angelegenheiten alle Bereiche der Bereitung, Prüfung und Aufbewahrung der Arzneimittel gesetzlich geregelt. In den jeweils aktualisierten Fassungen war insbesondere durch die *series medicaminum* näher bestimmt, welche Medikamente in den Apotheken kleiner und großer Städte vorrätig gehalten werden sollten. Die Umsetzung dieser verschiedenen Vorgaben hatten die *Königlichen Kreis-Physiker*, die Amtsärzte, zu überprüfen und insbesondere über die *pünktliche Befolgung derselben bei den Apotheken-Visitationen, sowie bei jeder sich darbietenden Gelegenheit sorgfältigst zu wachen*.

Fieberklee. Aufgrund seiner Inhaltsstoffe heute eher bei Appetitlosigkeit u.ä. verwendet.

VORAUSSETZUNG:

UNBESCHOLTENER SITTLICHER LEBENSWANDEL

Das Knappschaftskrankenhaus in Quierschied. Postkarte um 1900.

Die amtliche Bekanntmachung des Preußischen Ministeriums für Medizinal-Angelegenheiten vom 13. März 1827 ließ keinen Zweifel daran, welche Anforderungen zukünftig für die Hebammenausbildung gelten sollten. Da es *wiederholt vorgekommen [war], dass zur Erlernung der Hebammenkunst wenig geeignete oder ganz untaugliche Subjekte zu diesem Zwecke in die hiesige Hebammen-Unterrichts-Anstalt gesandt worden sind,* erging die Anweisung an die Landräte, Bürgermeister und Amtsärzte, bei der Auswahl neuer Schülerinnen, *alle Vorsicht anzuwenden, dass in keinem Fall ein unfähiges Individuum in die Anstalt geschickt werde, wodurch der betreffenden Gemeinde nur unnötige Kosten erwachsen würde.* Vielmehr sollten die aufzunehmenden Personen zwischen 18 und 30 Jahre alt sein, über Lese- und Schreibkenntnisse verfügen, *das erforderliche Fassungsvermögen* besitzen, sowie körperlich gesund und stark und nicht schwanger sein. Ein Zeugnis des Bürgermeisters und des Pfarrers sollte ihnen *einen unbescholtenen sittlichen Lebenswandel* bescheinigen. Unter diesen Voraussetzungen war ihnen die Teilnahme an dem fünfmonatigen Sommer- oder Winterkursus der Hebammenlehranstalt in Trier gestattet. Der Kursus schloss mit einer *Staats-Prüfung für Medizinal-Personen* ab und durfte entsprechend einer *Allerhöchsten Kabinettsorder* ab 1847 *im Falle eines unbefriedigenden Ergebnisses* nur zweimal wiederholt werden. Ab 1808 fand diese staatlich geförderte Fachausbildung, die auch die theoretisch-praktische Einführung in die Geburtshilfe umfasste, in der Anstalt der Vereinigten Hospitien in Trier statt. Ein Dekret des Präfekten Keppler hatte während der französischen Zeit den Wechsel von Mainz nach Trier verfügt. Fortan erhielten hier die Hebammen-Schülerinnen aus den Regierungsbezirken Trier und Koblenz für 40 Taler Kost und Logis, während die *Lehrtöchter* aus Luxemburg 60 Taler und die aus Belgien und Frankreich 66 Taler aufbringen mussten. Auch die Schwangeren, Gebärenden und Kindbetterinnen in der angegliederten Entbindungsanstalt wurden im Hospital verpflegt. Im Jahr 1846 wurden 22 Hebammenschülerinnen aufgenommen und es fanden 44 Entbindungen statt. Dabei belief sich die Einnahme auf fast 1.900 Taler, demgegenüber die Ausgabe knapp 400 Taler betrug.

Die Verbesserungen im Bereich der Geburtshilfe war eines der erklärten Ziele der preußischen Medizinalverwaltung gewesen und zur Vermittlung der Kenntnisse der *Hebammenkunst* wurde auch deren Aktualisierung in entsprechenden Lehrbüchern befördert. Insbesondere dem Aspekt der Sauberkeit und Reinlichkeit bei der Entbindung galt eine besondere Aufmerksamkeit, denn die Zahl der Todesfälle in diesem Zusammenhang war auch zu Beginn des 19. Jahrhunderts dramatisch hoch. So belegt die Bevölkerungsstatistik des Regierungsbezirkes Trier für das Jahr 1831 mehr als 13.000 Geburten. Von diesen wurden 470 Kinder tot geboren und annähernd 2.000 Säuglinge überlebten nicht das erste Lebensjahr. Fast 100 Frauen starben bei der Geburt und im Kindbett. Am 17.Januar 1825 hatte die Verwaltung verfügt, dass als Beistand bei den Entbindungen und zur Pflege der Wöchnerinnen nur noch approbierte Hebammen und nicht die sogenannten Wickelfrauen, die über keine staatliche Anerkennung verfügten, zu

Rate gezogen werden sollten. Gleichzeitig sollte den Wöchnerinnen aber auch freigestellt sein, *Verwandte oder andere ehrbare Frauen, zu denen sie Vertrauen haben*, für den Zeitpunkt der Niederkunft auszuwählen.

In der hiesigen Region waren im Jahre 1828 mehr als 90 Frauen als Hebammen qualifiziert. Die Bezeichnung *Land-Hebamme* führten dabei Therese Millia aus Merzig, Magdalena Söther aus Haustadt, Barbara Lauer aus Wadrill, Anna Luxemburger aus Lisdorf, Anna Strauff aus Schiffweiler sowie die Witwe Remm aus Malstatt. Als *Stadt-Hebamme* waren Catharina Fritz aus Wadern, die Witwe Lux aus Saarlouis und die Witwe Sophia Wagner aus Ottweiler in das amtliche Verzeichnis eingetragen. Die Entlohnung der Hebammen erfolgte entsprechend der festgelegten Medizinal-Taxe. Daneben wurde eine zusätzliche Gratifikation aus den Trauungs- und Taufgebühren der Gemeinden gewährt, die im Bereich des Regierungsbezirkes Trier für 1846 beispielsweise mehr als 1.300 Taler ergaben. Annähernd 1.200 Taler wurden davon an verschiedene Hebammen *entsprechend ihres Wohlverhaltens und ihrer Bedürftigkeit* verteilt und der Rest fand für die Verbesserung der Einrichtung der Hebammenlehranstalt in Trier Verwendung. So erhielt die Witwe Lux beispielsweise zehn Taler für ihre Tätigkeit, ebenso wie Margarethe Schmitt aus Berus, Susanna Becker aus Bliesransbach und Susanna Bachelier aus Ludweiler. Anderen Hebammen wie Margarethe Didies aus Fremersdorf, Susanna Lang aus Güdingen, Sophia Zimmer aus Wiebelskirchen und Gertrude Jochum aus Saarwellingen wurde in dem Jahr zusätzliche fünf Taler gewährt. Im Vergleich zu den approbierten *Wundärzten und Geburtshelfern*, die eine jährliches Gehalt zwischen 100 und 150 Talern bezogen, fiel die Besoldung der Bezirks-Hebammen immer sehr gering aus. Nach 1820 wurde die Taxe für geburtshilfliche Leistungen erst wieder 1871 angehoben. Für eine *leichte natürliche Entbindung* musste dann auf dem Lande zwischen 20 und 40 Groschen bezahlt werden, in einer größeren Stadt zwischen 30 und 90 Groschen. Für die *Untersuchung auf Schwangerschaft oder vorausgegangene Entbindung* erhielt die Hebamme zwischen fünf und 15 Groschen. Doch auch diese geringe Summe war für manche schwangere Frau oft schwierig aufzubringen, insbesondere wenn sie alleinstehend war. Den unehelichen Geburten wurde dementsprechend auch unter dem Aspekt des sittlich-moralischen Zustandes der Bevölkerung eine gewisse Aufmerksamkeit staatlicherseits entgegengebracht. Seit 1818 fand ihr Anteil in den amtlichen Statistiken eine gesonderte Berücksichtigung. So verzeichnet die Übersicht für das Jahr 1831 im gesamten Regierungsbezirk Trier bei 100 Geburten in den Städten sieben uneheliche Geburten. Auf dem Lande betrug das Verhältnis insgesamt 100 zu drei. In den Kreisen Saarbrücken und Ottweiler kamen auf 100 eheliche Geburten sechs, beziehungsweise fünf unehelich Geborene, während das Verhältnis im Kreis Merzig 100 zu drei, in Saarlouis 100 zu vier Geburten betrug. Auch die Geburten bei den Militärgemeinden Trier, Saarbrücken und Saarlouis wurden in der Statistik erfasst. Hier waren im Jahre 1847 125 Geburten zu verzeichnen, davon acht unehelich. Neben den amtlichen Übersichten muss aber auch von einer gewissen Dunkelziffer bei den Geburten ausgegangen werden, die vielfach erst im Zuge von polizeilicher Ermittlungsarbeit bekannt wurden. So sollte sich die Tagelöhnerin Elisabetha Konsdorf am 10. Juni 1837 der Aussetzung eines Kindes schuldig gemacht haben und deshalb für eine Woche in Gefängnis. In einem anderen Fall rief der Untersuchungsrichter Hack aus Trier die Bevölkerung zur Mithilfe auf, um die Identität einer aufgefundenen Kinderleiche zu ermitteln. Das neugeborene Kind war in einen Sack eingebunden am 11. April 1838 in der Mosel gefunden worden.

Im 19. Jahrhundert hatte eine Frau durchschnittlich sechs Kinder. *Die Postkarte zeigt unbekannte Frauen um 1900.*

ZWISCHEN POCKEN UND CHOLERA

Mandatum vaccinationem pustularum concernens. 3 Aprilis 1827[1]).

Rundschreiben an die Herren Pfarrer der Diözese Trier, wegen Beförderung der freiwilligen Annahme der Schutzpocken-Impfung.

Es ist allgemein bekannt, welche Verheerungen ehemals die Menschen-Blattern angestellt haben, wie viele Individuen durch diese Seuche theils weggerafft, theils mehr oder minder körperlich verunstaltet worden seien. Durch die Erfindung der Kuhpocken-Impfung ist daher der Menschheit eine große Wohlthat zu Theil geworden, indem die Erfahrung lehrt, daß die Anwendung dieses einfachen Mittels gegen die Menschen-Blattern vollkommen schütze, oder doch in den verhältnißmäßig-seltenen Fällen, wo sie, ohnerachtet der mit Erfolg geschehenen Vaccination, sich zeigt, die bösartige Natur derselben so sehr ändere, daß sie nun, fast ohne Ausnahme keine nachtheiligen Folgen habe. Dennoch gibt es leider! noch hie und da Menschen, welche gegen dieses wohlthätige Mittel ein Vorurtheil hegen, und entweder an der Schutzkraft desselben noch zweifeln, oder gar befürchten, daß durch die Aufnahme des Impfstoffs der Keim zu später erst ausbrechenden Krankheiten in den menschlichen Körper gelegt würde. Diese Verblendeten suchen nun die Ihrigen und resp. sich selbst der geträumten Gefahr durch Unterlassung der Impfung zu entziehen, wovon die traurige Folge ist, daß diese nicht Geimpften von den eigentlichen Menschen-Blattern, gegen welche sie nicht geschützt sind, leicht befallen werden, und die einmal ausgebrochene Seuche alsdann weiter um sich greife.

Amtliche Aufforderung an die Pfarrer, für eine Impfung zu werben.

Die königlich-preußische Regierung wollte Panik vermeiden, und so war der Schlusssatz in den Bekanntmachungen vom 6. Januar 1826 zum *Ausbruch der natürlichen Blattern im Kreis Wittlich* kurz und sachlich gehalten: *Für den Herrn Landrath des Kreises Saarlouis bemerken wir, dass sich der Mathias Thiel zuletzt in der Gegend von Saarlouis, seiner Angabe nach, aufgehalten hat.*

Mathias Thiel war ein Wanderhändler aus Niederkail im Kreis Wittlich. Wie viele der Hausierer aus der Gegend hatte auch er seine Absatzmärkte an der Saar. Nach seiner Rückkehr war eines seiner Kinder, das ihn begleitet hatte, an Pocken erkrankt. Dieser hochgradig ansteckenden Krankheit konnte zu allen Zeiten nur mit einer Impfung wirksam begegnet werden. Schon die französische Regierung ließ darum während einer Epidemie im Jahr 1807 im Regierungsbezirk Trier über 4.300 Kinder gegen Pocken impfen. Dennoch starben mehr als 570 Kinder. Der Ausbau einer flächendeckenden Impfvorsorge gehörte darum auch zu den vorrangigen Bemühungen der preußischen Regierung. Ab 1816 konnte sie dadurch die Zahl der tödlich verlaufenden Infektionen kontinuierlich senken und bis 1825 waren es jährlich weniger als zehn Todesfälle bei mehr als 14.000 Impfungen. Doch eine neuerliche Pockenepidemie in den Jahren 1826/27 kostete wieder annähernd 540 Kindern das Leben. Dabei hatten die amtlichen Mitteilungen schon frühzeitig über das Auftreten der Krankheitsfälle informiert und es waren *alle Maßnahmen von Seiten der Kreisbehörden und des Kreis-Physikus [Amtsarztes] genommen, um die Verbreitung des schrecklichen Pockenübels zu verhüten.* Die Tatsache, dass das infizierte Kind von Mathias Thiel nicht geimpft gewesen war, nahm die Medizinalbehörde zudem als Anlass, nochmals auf die Notwendigkeit der Schutzmaßnahme hinzuweisen, da sich *aufs Neue und das Überzeugendste die Schutzkraft der Impfung gegen die natürlichen Blattern gezeigt [hat].* Als Impfstoff dienten die in ihrer Wirkung abgeschwächten Kuhpocken. Die noch heute verwendete Bezeichnung *Vakzination* (von lat. vacca: die Kuh) für die Pockenschutzimpfung ist davon abgeleitet. Mit detaillierten Beschreibungen und Prämien wurde die Bevölkerung zur Mithilfe

Fahrbarer Desinfektionsapparat. Der Dampf wird in dem besonderen, neben dem Arbeitszylinder stehenden Kessel entwickelt.

bei der Sicherstellung der erforderlichen Mengen dieses Lebendimpfstoffes animiert. Umgehend eingeleitete Impfmaßnahmen von Amtsärzten wie Dr. Frohberg in Saarlouis sollten die weitere Verbreitung der Pocken verhindern. Dennoch musste das Amtsblatt am 13. Juni 1826 vermelden, dass sich die Krankheit von Wittlich aus weiter in verschiedenen Kreisen des Regierungsbezirkes Trier ausgebreitet hatte. Im Kreis Saarbrücken, wo die Pocken *aus den französischen Dörfern an der Grenze, wo sie fortwährend grassieren, herüberkommen*, waren jedoch nur wenige Menschen betroffen. Für den Kreis Ottweiler wurde ein Ansteckungsfall gemeldet.

Verantwortlich für die Ausbreitung der Krankheit sollten in der Hauptsache die Kinder von Hausierern sein. Darum wurden von staatlicher Seite *die Herren Landräthe und Kreis-Physiker ersucht … ihre Aufmerksamkeit auf die herumreisenden Gewerbetreibenden zu richten, damit diese keine Kinder unter 14 Jahren … bei sich führen, auch dass diejenigen, welche dieses Alter erreicht haben und sie begleiten, durch einen Schein die Impfung nachweisen.*

Ähnliche Kontrollmaßnahmen sollten auch die Verschleppung der ersten Cholera-Epidemie in der Region verhindern helfen. Seit 1831 hatte sich die Seuche aus Indien kommend über Russland und Polen nach Westen hin ausgebreitet. Seit Januar 1832 grassierte sie in Paris und bis September des Jahres galten auch Metz, Thionville und Luxemburg offiziell als Cholera-Gebiete. Die preußische Regierung hatte schon seit Jahresbeginn 1832 die Polizei- und Grenzbehörden der Rheinprovinz angewiesen, die Reisenden aus den Gebieten mit Infektionsfällen mit der erforderlichen Sorgfalt zu behandeln. So mussten sich diese einer fünftägigen Quarantäne in einem grenznahen Ort unterziehen und bei den mitgeführten Waren und Gepäckstücken wurde eine 24- bis 48-stündige Desinfektion mit Chlor vorgenommen. Ganz verboten war fortan die Einfuhr von Menschenhaaren, wie sie für Perücken verwendet wurde, ebenso wie die von gebrauchten Handelsartikeln wie Betten und Kleidungsstücken. Neue Waren, Briefe und Geld konnten dagegen ungehindert passieren.

Am 17. Mai 1832 hatten die königlich-bayrische Regierung des Rheinkreises zu Speyer und deren Sanitätskommission zu St. Ingbert verfügt, dass ein freier Grenzverkehr nur noch mit den preußischen Orten bestehen solle, die in einer Entfernung von sechs Stunden zur Grenze lagen. Am 17. August 1832 war diese Distanz auf drei Stunden verkürzt worden. Für die Einreise musste die *Hauptstraße nach Rentrisch* genommen werden

Kabine zur Desinfektion eines ganzen Bettes.

und die *auf der Kohlengrube* war denjenigen vorbehalten, welche aus St. Wendel und der Umgebung kamen. Grenzgänger von außerhalb des festgelegten Bereichs hatten detaillierte Angaben zur Person und zum Wohnort zu machen. Ebenso mussten sie ein Zeugnis der Ortsgemeinde vorweisen, dass sie sich innerhalb

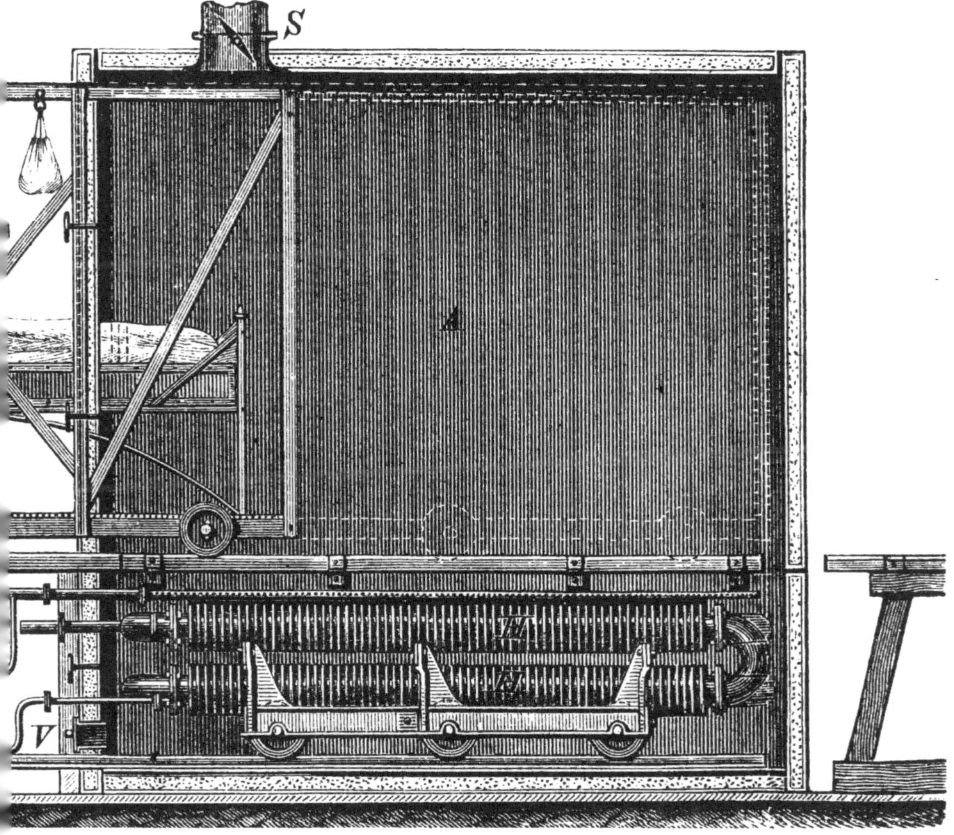

der letzten fünf Tage nicht in einer Gemeinde mit Cholera-Fällen aufgehalten hatten. Die Cholera war zu dem Zeitpunkt in Europa noch nicht epidemisch aufgetreten und die Maßnahmen gegen ihre weitere Verbreitung konzentrierten sich in erster Linie auf eine Desinfektion mit Chlor und Quarantäne. Daneben hatte das preußische Ministerium für Medizinal-Angelegenheiten am 9. Februar 1832 öffentlich angeregt, *von Seiten jeder medizinischen Fakultät und medizinisch-chirurgischen Lehranstalt eine besondere Vorlesung über die Cholera noch im Laufe dieses Semesters halten zu lassen, ... damit die nöthige ärztliche Hülfe vervielfältigt werde.* Bis zur Entdeckung des Erregers der Cholera durch Robert Koch im Jahre 1883 beinhaltete diese Hilfe Maßnahmen zur Linderung des Krankheitsverlaufes wie beispielsweise die Fiebersenkung, ebenso Hinweise zur richtigen Ernährung. Auch der Bischof von Trier, Joseph von Hommer, unterstützte diese Bestrebungen und wandte sich im Oktober 1832 in einem Rundschreiben an alle Pfarrer. Er verwies dabei auf *... die Erfahrung der Ärzte, daß leicht verdauliche und nahrhafte Speisen bei einer mäßigen Lebensart gegen jene Krankheit sich sehr schützend erweisen, weshalb der Genuß der Fisch-Speisen sowie aller schwer verdaulichen Nahrungsmittel nicht nur im Falle des wirklichen Ausbruchs der Seuche als nachtheilig, sondern auch als ihre schnelle Verbreitung befördern, mißrathen wird. In dieser Hinsicht ertheile ich auf die mehrfachen Anfragen und Anträge zur Beruhigung der Gewissen hierdurch für alle Pfarreien der Diözese Dispensation [Befreiung] vom Abstinenz-Verbot.*

Insgesamt starben in der Rheinprovinz zwischen September und November 1832 mehr als 700 Menschen an der Cholera. Auch die zweite Infektionswelle zwischen Juli 1833 und Februar 1834 forderte zahlreiche Opfer, insbesondere in den Kreisen Aachen, Duisburg und Koblenz. Der Regierungsbezirk Trier blieb während dieser ersten Cholera-Epidemie von der Seuche verschont, wobei es die preußische Regierung an *Anordnungen, Belehrungen, Instruktionen, Vorkehrungen und Vorschriften für den Fall, dass die Krankheit auch in den Regierungsbezirk eindringen sollte*, nicht fehlen ließ.

INFOBOX

Überträger der Cholera ist ein Bazillus, der sich vor allem in durch Fäkalien verunreinigtem Wasser befindet. Als Folge der Infektion führt ein starker Brechdurchfall zu hohem Flüssigkeitsverlust. Das dritte Stadium ist gekennzeichnet durch hohes Fieber, Koma und Komplikationen wie beispielsweise eine Lungenentzündung. Mehr als die Hälfte der unbehandelten Erkrankungen enden tödlich.

Die Pocken sind eine Virenerkrankung, die durch Tröpfcheninfektion oder durch Einatmen von infiziertem Staub übertragen wird. Die Erkrankung beginnt mit hohem Fieber und Schüttelfrost, danach tritt am ganzen Körper ein Ausschlag mit eitrigen Bläschen auf. Nach zwei Wochen trocknen diese Pusteln ein und hinterlassen deutliche Narben. Bei einer unbehandelten Pockenerkrankung liegt die Todesrate bei 30 Prozent. Seit 1980 gelten die Pocken weltweit offiziell als ausgerottet.

MIT HEUBLUMEN UND LEHMWICKEL GEGEN DIE SEUCHE

Die Milch der Kuh durfte im Fall der Maul- und Klauenseuche nicht verwendet werden.

Die Anordnung des preußischen Landrates von Merzig im Amtsblatt vom 3. September 1831 ließ die Bauern in der Region aufatmen. Die Viehsperre in den Gemeinden Hausbach und Waldhölzbach, die beim Auftreten der Lungenseuche verfügt worden war, wurde aufgehoben. Diese Schutzmaßnahme war kein Einzelfall gewesen, denn zu Beginn des 19. Jahrhunderts waren viele Gemeinden im preußischen Regierungsbezirk Trier von der hochgradig ansteckenden und meldepflichtigen Tierseuche betroffen.

Nach Merzig musste beispielsweise Kastel im August 1831 den Ausbruch der Tierkrankheit bekannt geben und zur gleichen Zeit bestätigten auch Ockfen und Schoden im Kreis Saarburg erste Seuchenfälle.

In der Eifel im Kreis Daun waren im Oktober 1831 die Gemeinden Schalkenmehren und Nerdlen betroffen und im Januar 1832 wurden aus Thalfang im Hunsrück erkrankte Viehbestände gemeldet. Im Sommer 1832 kamen auch aus dem benachbarten Luxemburg die Hinweise, dass in Rosport und Weiswampach das Rindvieh mit der Lungenseuche infiziert sei.

Die erste Maßnahme in den betroffenen Gemeinden war die Verhängung der Viehsperre durch den Kreis-Tierarzt und die amtliche Verwaltung. Damit wurde jeglicher Viehhandel untersagt, und da diese Sperre bis zu völligen Symptomfreiheit der Viehbestände oftmals ein halbes Jahr andauerte, war der wirtschaftliche Schaden dementsprechend groß.

Mehr als 140.000 Stück Rindvieh waren 1831 als Viehbestand in der amtlichen Statistik für den gesamten preußischen Regierungsbezirk Trier ausgewiesen. Hinzu kamen mehr als 26.000 Pferde, 62.000 Schweine und fast 7.000 Ziegen. Der Umfang des Schafbestandes betrug 120.000 Tiere und hatte sich damit von 1828 bis 1831 um fast 80.000 Schafe verringert. Die medizinische Aufsicht und Betreuung im gesamten Regierungsbezirk Trier wurde von sechs Tierärzten und zwei Kurschmieden geleistet. Für die Kreise Merzig und Saarlouis versah im Jahre 1828 Georg Antoine aus Großhemmersdorf *provisorisch* den Dienst. Die Zuständigkeit von Jacob Kautz aus Saarbrücken, *approbirt von der Schule zu Alfort und auch examinirt von dem Königl. Collegio Medico zu Coblenz und approbirt von dem Königl. Hohen Ministerio* umfasste die Kreise Ottweiler und Saarbrücken. Unterstützt wurden die beiden Tierärzte in ihrer Arbeit von zwei Kurschmieden, die insbesondere Aufgaben beim Hufbeschlag der Zugtiere übernahmen. Die Verbesserung des tierärztlichen Bereiches war ein Anliegen der preußischen Medizinalverwaltung, und in einem Bericht aus dem Jahre 1846 wurde dazu festgestellt: *Durch die Anstellung von Kreis-Thierärzten ist den unbefugten Pfuschern und Quacksalbern in diesem Theile des Medicinalwesens das Handwerk gelegt worden. Auch ist durch die Aufsicht, welche diesen Kreis-Thierärzten bei der Wahl der Zielstiere zur Pflicht gemacht ist, die Veredelung der Rassen bewirkt worden.* Eine ministerielle Verfügung hatte im Februar 1832 festgelegt, eine Summe von etwas mehr als drei Talern in den Gemeinde-Budgets als Entlohnung für den Tierarzt bereitzuhalten. Damit sollten dessen Bemühungen honoriert werden, *zur nützlichen Zeit jährlich das Zielvieh zu besichtigen ... und bei dieser Gelegenheit die notwendigste Belehrung über die Viehzucht und das Halten des Viehes zu ertheilen.* Doch auch die Beaufsichtigung der in ihrem Zuständigkeitsbereich stattfindenden Viehmärkte gehörte zu den Aufgaben der Tierärzte. Im Verhinderungsfall hatten sie den Bürgermeister *zeitig genug* zu benachrichtigen. Auch musste diese Arbeit in einem jährlichen Bericht an das preußische Innenministerium dokumentiert werden. Über den Gesundheitszustand der gehandelten Tiere konnte der Tierarzt zudem auf Nachfrage auch ein Zeugnis ausstellen. In vielen Ortschaften wurden neben den Kram- und Viehmärkten auch reine Viehmärkte abgehalten. Für 1846 waren diese in Völklingen auf den Montag nach Maria Lichtmess (2. Februar), den Montag vor Pfingsten, den zweiten Montag nach Johannes Baptist (24. Juni) und den Montag nach Matthias (24. Februar) gelegt worden. In Ottweiler wurden zusätzliche zwölf Viehmärkte, jeweils am ersten Montag im Monat, abgehalten. In Saarwellingen lagen die Termine für die ausschließlichen Viehmärkte auf Adrianus (4. März), Georgius (23. April), den Tag nach Christi Himmelfahrt und Elias (20. Juli). Insgesamt fanden 1846 in den Kreisen Merzig, Ottweiler, Saarbrücken und Saarlouis zusammen mehr als 70 reine Viehmärkte statt.

Neben den offiziellen Kontrollen auf den Viehmärkten sollten die regelmäßigen Informationen in den Amtblättern die Kenntnisse über die Entstehung und Verbreitung der Tierseuchen verbessern und mögliche Behandlungsmethoden aufzeigen. Als im Oktober 1838 in den Kreisen Saarlouis und Saarbrücken sowie den französischen und bayrischen Grenzgebieten die Maul- und

Klauenseuche grassierte, lautete die Empfehlung zur Behandlung der eitrigen Pusteln im Maul der Tiere: *Auf ein Maaß [1 Maaß entspr. 1,78 l] schleimiges Getränk, z.B. Mehltrank oder Gerstenbrühe, wird ein halb Schoppen [1 Schoppen = ¼ Maaß] Honig und ein bis zwei Loth [1 Loth entsprach 14,6 gr] Salzsäure gesetzt und damit drei bis viermal des Tages das Maul ausgepinselt (mittels eines um einen Stock gewickelten Leinwandläppchens). Wenn die Salzsäure fehlt, so kann auch ein halber Schoppen Essig zugesetzt werden ... Nach diesen Mitteln brechen die Bläschen auf und heilen, sodass die Tiere bald wieder in den Stand versetzt sind, Futter zu nehmen und wiederzukäuen. So lange sie der Schmerzen halber alle Nahrung verschmähen, sind ihnen Kleie- oder Mehltränken einzuschütten, damit die Entkräftung nicht überhand nehme.* Für die betroffenen Klauen empfahl der Ratgeber einen *Einschlag von mit Essig angeknetetem Thon (Lehm) ..., der täglich mehrere Male erneuert, gehörig feucht und kühl gehalten wird. Noch besser ist das Baden derselben in einer lauen, schleimigen Abkochung von Flachssamen mit einem Zusatz von Heublumen oder das Umschlagen von damit getränkten Tüchern. Wo die Entzündung heftig ist und Eiterung in der Tiefe zur Folge haben muss, da sind auch Breiumschläge von Käsekraut und gestoßenem Leinsamen anzuwenden.*

❦

INFOBOX

Die Virusnatur der Maul- und Klauenseuche wurde 1897 durch Friedrich Loeffler entdeckt. Schutz vor der Seuche bietet nur eine vorsorgliche Impfung. Geimpfte Tiere sind durch die damit verbundenen Antikörper jedoch im EU-Handel verboten. Bei einem Ausbruch der Seuche ist es heute vorgeschrieben, alle Tierbestände im Umkreis von einem Kilometer um den Infektionsherd zu töten, »keulen«. Es sind keine Therapieformen zulässig. Bei einem Seuchenausbruch 2001 in Großbritannien mussten so mehr als vier Millionen Tiere gekeult werden.

Die Lungenseuche ist eine bakterielle Infektionskrankheit von Rindern oder auch Ziegen. Die Tiere werden von einer schweren Lungen- und Brustfellentzündung betroffen, die in 70 bis 80 Prozent der Fälle tödlich verläuft. Eine Behandlung mit Antibiotika wäre möglich, ist in Deutschland jedoch tierseuchenrechtlich verboten und erkrankte Tiere müssen getötet werden. In Deutschland wurde der letzte Seuchenfall in den Zwanzigerjahren des 20. Jahrhunderts verzeichnet und das Hauptverbreitungsgebiet ist heute Afrika.

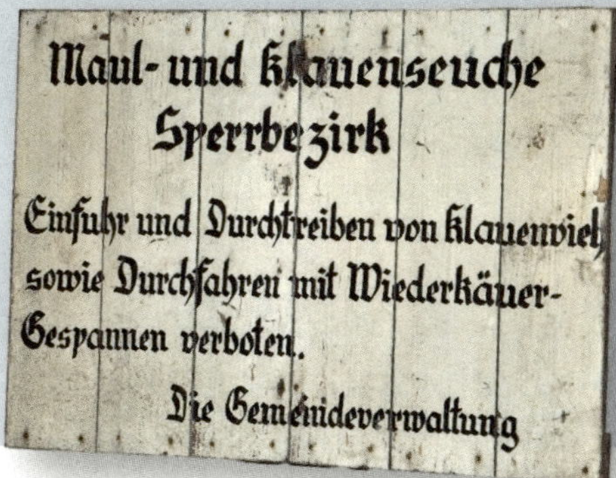

ZUM SEGEN DER BEDÜRFTIGEN

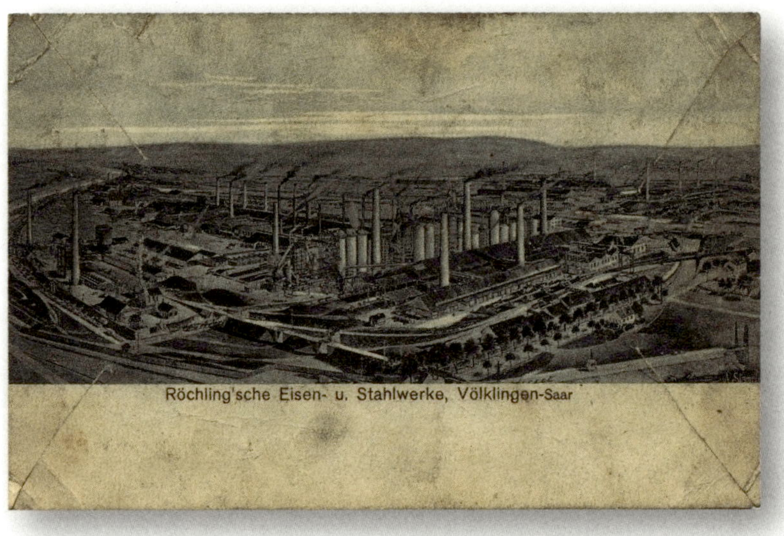

Die Röchling'schen Eisen- und Stahlwerke in Völklingen/Saar. Thomas Röchling stiftete Gelder für das Hospital Saarbrücken. *Postkarte Ende des 19. Jahrhunderts.*

Sie setzte sich für die Armen und Bettler ein und die Legende vom *Rosenwunder* machte die deutsche *Nationalheilige des Mittelalters* über die Grenzen bekannt. Elisabeth von Thüringen wurde 1207 als ungarische Königstochter geboren und zeitlebens bis zu ihrem Tod am 17. November 1231 setzte sie sich für die Bedürftigen ein. Sie lebte in einer Zeit, in der Seuchen, wirtschaftliche Not oder kriegerische Übergriffe eine ständige Bedrohung für den Einzelnen bedeuteten. In der nahezu undurchlässigen Ständeordnung wurde Armut als gottgegeben angesehen und das Betteln war gesellschaftlich geduldet. Die Almosenverteilung an Arme und Notleidende galt als gottesfürchtig, und Elisabeth, die dem Franziskaner-Orden nahestand, verwendete große Teile ihres Vermögens zu diesem Zweck. Nach dem Tod ihres Mannes Ludwig von Thüringen im Jahr 1227 verließ sie die Wartburg, denn der nachfolgende Regent stand ihrer Armenfürsorge ablehnend gegenüber. Fortan widmete sie sich der Pflege und Unterstützung von Kranken und Armen in dem von ihr gestifteten Hospital in Marburg.

Auch in anderen Städten lassen sich die Anfänge der Armenfürsorge weit zurückverfolgen. Für die Zeit um 1600 ist für die Stadt Saarbrücken dokumentiert, dass die dortige Hospital- und Legaten-Stiftung jährlich eine Unterstützung von hundert Malter Roggen und 946 Gulden durch Graf Ludwig von Nassau-Saarbrücken erhielt. Im April 1751 hatte die Landgräfin Christiane von Hessen-Homburg, die in erster Ehe mit dem Grafen Karl-Ludwig von Nassau-Saarbrücken verheiratet war, in ihrem Testament verfügt, dass der Zinsertrag des von ihr gestifteten Kapitals über 1.000 Gulden den Bedürftigen zukommen sollte. Auch aus diesem Legat wurden in der Folgezeit die Aufwendungen bestritten, die für die Armenfürsorge der zur vormaligen Grafschaft Saarbrücken gehörenden Gemeinden nötig waren. Zu Beginn des 19. Jahrhunderts erlebte das Hospital, zu dem neben einem Wohnhaus auch zwei Gärten und einige Wiesen bei Saarbrücken, Burbach und Fürstenhausen gehörten, eine starke Nachfrage. Nach einer Statistik aus dem Jahre 1808 zählten annähernd 7.000 Menschen in den *Arrondissements* Birkenfeld und Saarbrücken zu den Armen. Hinzu kamen fast 2.000 Bettler, die ab 1812 auch in das Land-Armenhaus in Trier überwiesen werden konnten. So war dem Hospital in Saabrücken beispielsweise im Jahr 1846 die Versorgung von 191 Hilfsbedürftigen und Kranken übertragen. Neben 63 Armen aus den berechtigten Gemeinden gehörten auch 41 Handwerksgesellen und Dienstboten dazu, die vorher in die *Abonnements-Casse* eingezahlt hatten und die nun im Krankheitsfall verpflegt wurden und Medikamente erhielten. Die Betreuung von 62 kranken Bergleuten wurde aus der dafür eingerichteten Knappschaftskasse bezahlt und ein speziell für sie zuständiger Arzt erhielt sein Honorar vom königlich-preußischen Bergamt. Daneben wurde die Arbeit des Hospitals auch durch verschiedene Schenkungen von Privatpersonen unterstützt, beispielsweise durch den Bergamtsassessor Heinrich Böcking, der im Jahre 1832 die Summe von 500 Talern zur Verfügung stellte. Den gleichen Betrag stiftete der Kaufmann Thomas Röchling im Jahre 1840 und ergänzte ihn um

250 Taler für die Armenkasse in St. Johann. Die Hüttenbesitzer Friedrich Philipp und Ferdinand Stumm ließen dem Hospital 1835 eine Zuwendung über je 1.000 Taler *zur Errichtung einer Armenschule und Arbeitsanstalt* zukommen und Friedrich Jacob Schröder aus Saarbrücken hatte in seinem Testament 1818 verfügt, dass die Zinsen eines Kapitals von 1.300 Talern ... *unter die bedürftigen Witwen und Waisen, ohne dabei Rücksicht auf die Religion derselben zu nehmen, verteilt werden.*

Viele der Kirchengemeinden, die in der Armenfürsorge tätig waren, konnten auf Stiftungen zurückgreifen, die von Bürgern zu diesem Zweck bereitgestellt worden waren. So erhielt der Kirchenvorstand in Güdingen von David Becker eine Spende über 254 Taler, deren Zinsen, etwa 14 Taler, unter den Armen der Gemeinde verteilt werden sollten. Auch Nikolaus Wahlster aus Bietscheid wollte seine gestifteten 280 Taler so verwendet sehen. Hier sollten die Armen aus Heusweiler, Berschweiler, Bietscheid, Dilsburg und Hirtel die Nutznießer des Zinsertrages sein. In Neunkirchen richtete im Jahre 1808 der Sohn des Amtskellners Johann Ludwig Schmalwasser aus Ottweiler, der Wiener Hofjuwelier Johann Christian Heinrich Schmalwasser, einen besonderen Armenfonds ein. Er hatte testamentarisch eine Summe über 12.000 Gulden Wiener Währung vermacht, aus deren Zinsertrag ... *jährlich den 1. November 100 Gulden unter die bedürftigen, in Ottweiler geborenen Hausarmen, deutscher Abstammung, verteilt, [sowie] 50 Gulden jährlich für den Schulunterricht armer Kinder gezahlt werden sollten.* Daneben war ein Stipendium verfügt, bei dem ... *ein in Ottweiler geborener Knabe, evangelischer Konfession, der die Großhandlung oder eine Wissenschaft erlernen will*, für vier Jahre jährlich mit 300 Gulden unterstützt werden sollte. Einen ganz anderen Weg der Kapitalbeschaffung ging die Armenstiftung zu Wadern im Kreis Merzig. Die 145 Taler, die sie im Jahr 1845 unter den Bedürftigen verteilen konnte, hatte sie unter anderem als Hundesteuer und als Abgabe für Tanzbelustigungen eingenommen.

Blick auf Trier, im Vordergrund Biewer. Dort befindet sich auch die Kapelle St. Jost mit dem seinerzeit angegliederten Siechenhaus. Dessen Haupteinnahmequelle waren Almosen.
Stahlstich um 1840.

Elisabeth von Thüringen an einer Klosterpforte. Sie ist die Patronin der Caritas, der Waisen und Witwen, ebenso der Bäcker. *Stahlstich aus dem 19. Jahrhundert.*

V. Naturereignisse und Alltägliches

»... DIE FÜRSTEN NICHT WENIGER ALS DIE VÖLKER.«

Der Petrisberg bei Trier. Von hier aus wollte die preußische Armee den Aufstand beenden.
Stahlstich 19. Jahrhunderts.

Trier, am Morgen des 3. Mai 1848. In der Nacht hatten die Sympathisanten der *Umsturzpartei* das Pflaster der Simeonstraße herausgerissen und daraus vier Barrikaden errichtet. Auf dem Turm von St. Gangolf war eine rote Fahne aufgesteckt und alle Glocken läuteten Sturm. Dem preußischen Geheimen Regierungsrat Georg Bärsch war beim Blick aus seiner Wohnung in der Simeonstraße sofort klar, dass in Anbetracht der *Haufen von Lumpengesindel, [die] mit Sensen bewaffnet mit wüstem Geschrei die Stadt [durchzogen]*, der Tag noch weiteren Aufruhr bringen würde. Bärsch, 1778 in Berlin als Sohn eines Kaufmanns geboren, hatte sich während der Befreiungskriege gegen Napoleon als Offizier im Schill'schen Husarenregiment und auch als Stadtkommandant von Aachen Verdienste erworben.

Nach dem Zweiten Pariser Frieden 1815 und der Übernahme der späteren Rheinprovinz durch Preußen war Georg Bärsch in den Verwaltungsdienst eingetreten. Als Landrat in Lechernich, Solingen und schließlich in Prüm leistete er wertvolle Arbeit beim Aufbau der Verwaltung und über 30 Jahre lang begleitete er die Entwicklung in dieser, letztere als *Preußisch Sibirien* bezeichneten Region. In seinen Memoiren beschreibt er später diese Zeit und den für ihn enttäuschenden Tag, an dem er als ein dem König loyal verpflichteter preußischer Beamter *der Revolution recht nahe in das blutrothe Angesicht schauen [sollte]*. Die Truppen sollten Trier beschießen. Noch im Verlauf des Vormittags des 3. Mai 1848 hatte der Oberpräsident der Rheinprovinz, Eichmann, versucht, die aufgeregten Menschenmengen zu beschwichtigen. Doch er hatte wenig Erfolg gehabt und konnte sich nur mit Mühe in die Trierer Vorstadt in Sicherheit bringen. Auslöser des Aufruhrs war die Befehlsverweigerung von einigen Soldaten des in Trier stationierten 30. Landwehrbataillons gewesen. Der dadurch in der Truppe entstandenen Unruhe sollte durch den Aufmarsch des 26. Infanterieregiments in der Stadt begegnet werden, welches wiederum die Aufständischen mit den Barrikaden zu verhindern suchten. Zwischenzeitlich hatten sie auch Eilboten zu Pferde in die benachbarten Orte geschickt, um von der Landbevölkerung Unterstützung für die bewaffnete Mannschaft zu erhalten. Die Lage spitzte sich zu, als dann das Truppenaufgebot unter Führung des preußischen Generalmajors Roth von Schreckenstein einzugreifen drohte. Um ein Blutvergießen in der Stadt zu verhindern, hatte der zum Führungstrio der Umsturzpartei gehörende Landgerichtsassessor Otto den Kommandeur aufgefordert, *im Namen des souverainen Volkes* keine Truppen einmarschieren zu lassen. Doch General Schreckenstein zeigte sich unbeeindruckt und erwiderte, dass er nur einen Souverain, den König von Preußen, anerkenne, dessen Befehle er *streng und ohne irgend eine Rücksicht ausführen würde.* Er forderte die sofortige Abschaffung der Barrikaden, damit das Militär ungehindert einmarschieren könne. Auch sollte die *Aufruhr-Fahne* bis zum nächsten Tag eingezogen sein, andernfalls würde er die Stadt von *Franzensknippchen* aus, einer Anhöhe vor der Stadt, mit Bomben beschießen. Die Drohung verfehlte nicht ihre Wirkung und schon am folgenden Tag waren alle Barrikaden abgebaut und die Straßen für den Verkehr wieder zugänglich. Am

6. Mai 1848 konnten der Oberpräsident Eichmann und General von Schreckenstein das Ende der Revolte in Trier bekannt geben: *Heute hat die seit einigen Wochen unterbrochene Erhebung der Mahl- und Schlachtsteuer wieder begonnen und unter fernerer freiwilliger Mitwirkung der Bürgerschaft wird die öffentliche Ruhe und Ordnung der Stadt Trier in der kürzesten Frist wieder völlig hergestellt werden.*

Die Mahl- und Schlachtsteuer war eine Abgabe, die 1820 in den größeren Städten wie Trier anstelle der Klassensteuer eingeführt worden war. Vor dem Hintergrund der damit verbundenen Verteuerung des Brot- und Fleischpreises hatte sie seit Anbeginn zu heftigen Kontroversen geführt. Es herrschte eine revolutionäre Stimmung in der Bevölkerung. Die Verweigerung der Steuer, die für Trier mit seinen Vororten im Jahr 1831 immerhin die Summe von 33.000 Talern ausmachte, war ein Ausdruck des bürgerlichen Protestes. Doch es hatte nur eines kleinen Funken bedurft, um die revolutionäre Stimmung in Trier zu entzünden. Im März 1848 waren zahlreiche Winzer und Bauern vor das Gefängnis in Trier gezogen und hatten gegen die Inhaftierung wegen Holzdiebstahls protestiert. Dieses Delikt war besonders bei den ärmeren Leuten aus der Not heraus ein weit verbreitetes Delikt. In schlechten Erntejahren wie 1847, in denen sich die Versorgungssituation vieler Familien dramatisch verschärfte, häuften sich die Verurteilungen. Schon 1842 hatte Karl Marx, der berühmte Sohn der Stadt Trier, als Redakteur der *Rheinischen Zeitung* in seinen *Debatten über das Holzdiebstahlsgesetz* die Strafbarkeit des Holzsammelns heftig kritisiert. Zu den Verhandlungen des sechsten Rheinischen Landtages hatte er kommentiert: *Der Raffholzsammler vollzieht nur ein Urteil, was die Natur des Eigentums selbst gefällt hat, denn ihr besitzt doch nur den Baum, aber der Baum besitzt jene Reiser nicht mehr. Wenn das Gesetz aber eine Handlung, die kaum ein Holzfrevel ist, einen Holzdiebstahl nennt, so lügt das Gesetz und der Arme wird einer gesetzlichen Lüge geopfert.*

Doch der Protest vor dem Trierer Gefängnis hatte seine Wirkung nicht verfehlt, und der Regierungspräsident Rudolf von Auerswald ließ zahlreiche Insassen frei. Er wurde daraufhin nach Berlin versetzt und seine Funktionen übernahm Oberregierungsrat Birck. Die Tatsache, dass Birck ein gebürtiger Trierer war, sah Georg Bärsch mit als Grund an, dass dieser es nicht wagte, seinen Landsleuten entschieden entgegenzutreten. Doch auch *wohlgesinnte angesehene Leute zogen sich feiger weise zurück und ließen den Pöbel schalten und walten*, stellte Bärsch fest und machte die *zaghaften* Oberbehörden der Verwaltung für die mangelnde militärische Präsenz verantwortlich. So hatte sich in Trier auch eine Bürgerwehr formiert, unter deren Schutz beispielsweise, laut Bärsch, das Haus eines Kaufmanns geplündert wurde, den man beschuldigte, Butter aufgekauft zu haben. Das Volk war politisiert und teilweise fanatisiert und auch in der preußischen Rheinprovinz war der Ruf des Bürgertums nach einer nationalen Einheit mit rechtlicher Gleichheit zu vernehmen.

Seit dem Ende der Befreiungskriege hatte diese Nationalbewegung weite Teile der Bevölkerung erfasst. Doch insbesondere mit den Karlsbader Beschlüssen vom 20. September 1819 erteilte der preußische König Friedrich Wilhelm III. dem liberalen Zeitgeist eine deutliche Absage. Die Pressefreiheit wurde eingeschränkt und auch die Trierische Zeitung wurde einem Zensor unterstellt. Die sich verschärfende Situation des Vormärz zeigte sich auch in Trier im Juni 1843, als das preußische Innenministerium aufgrund der *durchweg verderblichen und gesetzwidrigen Richtung* der Trierischen Zeitung eine Umbesetzung des Zensoramtes vornahm. Der dann eingesetzte Regierungsassessor von Meusebach nahm diese Aufgabe nach vorherrschender Meinung jedoch nur sehr sporadisch wahr und wurde bald darauf versetzt. Bärsch beschrieb diese Zeit: *Mit dem Redakteur der Zeitung, dem Buchdruckerei-Verwalter Walthr, stand er [von Meusebach] in freundlichen Beziehungen. Die Zensur wurde bei einer Flasche Wein, in Gegenwart des Walthr vorgenommen und es lässt sich denken, dass bei diesen Verhältnissen nur wenige Censurstriche vorkamen und Walthr sich die zügellosesten Ausfälle gegen die Regierung erlaubte.* Nach verschiedenen Nachfolgern wurde Georg Bärsch im Juni 1844 die Zensur der Trierischen Zeitung übertragen, in der Hoffnung, das, für andere Zeitungen *verführerische Beispiel einer zügellosen Presse*, in die gesetzlichen Schranken zurückzuführen. Es war eine schwierige Aufgabe, die Bärsch angetreten war und insbesondere die, seiner Ansicht nach zu große Nachgiebigkeit seines Vorgesetzten, des Präsidenten von Auerswald, führte zu Spannungen. So nahm dieser wiederholt Zensuranmerkungen zurück und Bärsch war froh, als er am 31. August 1846 das Zensuramt an den Regierungsassessor und späteren Landrat Spangenberg abgeben konnte.

Während seiner Zeit als Zensor hatte Bärsch 47 Ausgaben der *Trierischen Zeitung*, sieben Ausgaben der Zeitschrift *Philanthrop*, 40

Ausgaben des *Intelligenzblattes* sowie zwölf Druckschriften und Manuskripte auf ihren regierungstreuen Inhalt hin durchgesehen. Die sich entwickelnde regierungsfeindliche Entwicklung war ihm dadurch schon länger offenkundig gewesen und beim Besuch des preußischen Königs Friedrich Wilhelm IV. im Herbst 1847 in Trier wurden die Gegensätze mehr als deutlich. Dafür, dass bei diesem Monarchenbesuch *keine freudige Bewillkommnung des Königs von Seiten des Volkes [stattfand]*, machte Georg Bärsch auch die *Umsturzpartei* verantwortlich, die nach seiner Ansicht durch preußenfeindliche Agitation *die Stimmung des Volkes verdorben [hatte]*. Die *Umsturzpartei*, anfangs als Kreis von Demokraten unter dem Namen *Grüttli* in einem Trierer Gasthof debattierend, hatte mittlerweile in weiten Teilen des gesellschaftlichen und politischen Lebens Anhänger für ihre Ideen gefunden. Der Staatsprokurator Schornbaum, der Kaufmann Carl Cetto und der Anwalt Ludwig Simon standen an der Spitze der Bewegung. Sie hatten seit dem Tod des einflussreichen Arztes Dr. Schleicher die Aktivitäten der Trierischen Demokraten organisiert und der Herausgeber der Trierischen Zeitung, Karl Grün, sorgte für die Verbreitung. Die *Umsturzpartei* stand in dem Ruf, Unterstützung von dem sogenannten *Bund der Gerechtigkeit* in Paris und seinem Leiter Guiseppe Mazzini zu erhalten. Sie hatte es verstanden, die Ideen der französischen Republik in die preußische Rheinprovinz hineinzutragen und zahlreiche Mitglieder zu werben. So auch beispielsweise den evangelischen Pfarrer Hansen aus Ottweiler, der sich im Jahre 1848 der *Umsturzpartei* anschloss und die Steuerverweigerung unterstützte. Sehr zum

Bedauern von Georg Bärsch, denn beide kannten sich seit ihrer Jugend und hatten über den Ottweiler *Verein für Geschichte und Altertum* lange miteinander freundschaftlich korrespondiert. Doch auch die katholische Geistlichkeit unterstützte grundsätzlich das Eintreten der Demokraten für die ärmeren Bevölkerungsschichten und verschiedene, von ihnen aufgestellte Vorschläge zur Verbesserung der sozialen Lage. Deren Vorstellung einer Trennung von Kirche und Staat lehnte sie jedoch ab. Die tiefen Gegensätze, die das Verhältnis zwischen katholischer Kirche und preußischer Obrigkeit prägten und sich später im Kulturkampf niederschlugen, durchziehen auch die Aufzeichnungen von Landrat Bärsch. So kommentierte er einen Vortrag, der im Pius-Verein in Trier gehalten wurde, dahingehend, dass seine Bemühungen zur Gründung einer evangelischen Kirche in Prüm … *natürlich tadelnd und als ein Eingriff des akatholischen Landesherrn in die Rechte der allein seligmachenden katholischen Kirche dargestellt [wurden].* Und über den späteren Bischof von Trier fügte er an anderer Stelle hinzu: *Eberhard, jetzt Präses des Priester-Seminars in Trier, der Sohn eines dortigen Schenkwirths und daher großen Einfluss auf die unteren Schichten des Volkes übend, predigt öffentlich von der Kanzel Preußenhass.* Doch die kritische Haltung zur preußischen Obrigkeit erreichte im Verlauf der revolutionären Ereignisse weitere gesellschaftliche Bereiche. Nachdem die revolutionäre Dynamik nach dem Sturz des französischen Bürgerkönigs Louis Philipp im Februar 1848 von Paris aus Deutschland erreichte, musste Bärsch erschreckt feststellen, … *daß unverhohlen Mitglieder der Regierung ihre Sympathie für die Bestre-*

bungen der Umsturzpartei aus[sprachen]. Diese stand nicht nur mit den Revolutionären in Mainz und Köln und Koblenz, sondern auch mit denen in Berlin in ununterbrochenem Verkehre und schon am 17. [März] wusste man in Trier ganz genau, was an diesem Tage und an den nächstfolgenden in Berlin vorgehen würde. Das wurde mir unverhohlen ins Gesicht gesagt und der Untergang der Preußischen Monarchie, der Anschluss der Rheinprovinz an die Französische Republik prophezeit. Doch nicht nur die Umsturzpartei, sondern auch die *konstitutionellen* Kritiker, wie der Trierer Anwalt Friedrich Zell prägten die politische Diskussion. Sie wollten ein einheitliches Deutschland weniger als Republik, sondern als eine, über gesetzmäßige Entwicklungen verwirklichte konstitutionelle Monarchie sehen. Dabei war auch für sie eine Volksvertretung in Berlin nicht denkbar.

Den politischen Anspruch der Liberalen und Demokraten spiegelten die acht Forderungen wieder, die der *Wahlverein für eine demokratische Konstitution Deutschlands* am 22. April 1848 in Trier veröffentlichte. Das Komitee des Wahlvereins, dem die Herren Huberti, Fischer, Druckenmüller, Reverchon, Dr. Eberhard und Dr. Hamacher angehörten, forderte darin, ... *daß der Reichstag zu Frankfurt eine wahrhafte Vertretung des ganzen deutschen Volkes sein [solle], alle Deutschen, die Fürsten nicht weniger als die Völker, sollen sich seinem Anspruch unterwerfen.* Aber auch die Aufhebung des Abgabendrucks, besonders für die ärmeren Klassen, sollte durch eine umfassende Umwandlung des Steuerwesens erreicht werden. Als Weiteres forderte das Komitee die Versammlungsfreiheit für die Bürger und die Unabhängigkeit der Kirche und jeder religiösen Gemeinschaft vom Staat. *Alle Menschen sind gleich,* war das Schlusspostulat der Trierer Demokraten, welche die Zukunft von der Frankfurter Nationalversammlung bestimmt sehen wollten. Als diese am 22. Mai 1848 zum ersten Mal zusammentrat, hatten sich die Verhältnisse wieder beruhigt. Unter dem Eindruck der wieder erstarkenden konservativen Kräfte vermehrte sich jedoch die Skepsis ob der tatsächlichen Mitsprachemöglichkeiten und auch in verschiedenen Teilen der Rheinprovinz regte sich erneuter Widerstand bei Bürgern und Intellektuellen. So wurde im Vorfeld des Zusammentretens der Nationalversammlung am 27. und 28. Oktober 1848 beispielsweise in Trier folgendes Flugblatt verbreitet: *Sonntagnachmittag – 2 Uhr – Einladung – Zusammenkunft in Euren – bei Adam Fisch im »Adler«-Gymnasiasten, Bürger- und Gewerbeschüler, ohne Unterschied der Klasse – trotz Regenwetter zwecks Besprechung einer gemeinsamen Sache.* Die vom preußischen Regierungspräsidenten Sebald daraufhin eingeleitete Untersuchung zur Urheberschaft blieb ohne Erfolg. Auch der Sturm auf das Zeughaus in Prüm 1849 stand im Zeichen der emanzipatorischen Zielsetzungen der 1848er Revolution. Deren Scheitern dokumentierte sich für Georg Bärsch bei der Rückkehr des 26. Landwehrregiments im Juli 1849 nach Trier. Der Auftrag der Truppe war gewesen, auch die Eifel von dem *revolutionären Gesindel [zu] säubern.*

❦

AUF NACH HAMBACH ZUM SCHLOSS!

Ansicht des Hambacher Schlosses, auch Maxburg genannt.
Holzstich nach Le Clerget, 1885.

Philipp Franz war auf der Flucht. Im Dezember 1832 hatte sich der suspendierte Bürgermeister aus Bettingen dem gegen ihn eingeleiteten Verfahren entzogen und nach Frankreich abgesetzt. Dem 40-jährigen gebürtigen Saarbrücker wurde die *Verbreitung aufrührerischer Schriften* zur Last gelegt. Auch der aus Saarlouis stammende Nicolas Jacob Frantz war zur Fahndung ausgeschrieben. Der in Trier wohnende Rechtsgelehrte sollte an einem Komplott beteiligt gewesen sein und war deshalb lebenslänglich unter Polizeiaufsicht gestellt worden. Im Juni 1832 war auch Frantz nach Frankreich geflohen. Diese zwei Fälle standen im Zusammenhang mit der ablehnenden Haltung, welche die Regierungen des Deutschen Bundes dem liberalen Zeitgeist seit dem Hambacher Fest offen entgegenbrachten. Schon im Vorfeld der Veranstaltung, am 8. Mai 1832, erfolgte eine deutliche Reaktion der Königlich-bayerischen Regierung zu Speyer. Auf die Nachricht, dass am 27. des Monats zu Hambach bei Neustadt an der Haardt *eine Versammlung zu unerlaubten Zwecken* stattfinden solle, sah sie sich veranlasst, diese *nicht nur im Allgemeinen zu verbieten, sondern auch insbesondere an den Tagen des 26., 27. und 28. des Monats Mai des Jahres, allen Fremden, d. h. allen nicht in Neustadt domicilirten oder im Dienste stehenden Personen den Zutritt und Aufenthalt in der Stadt Neustadt, sowie in den angrenzenden Gemeinden Winzingen, Ober-, Mittel- und Unterhambach zu versagen.* Vorangegangen war diesem Verbot ein von dem *Deutschen Presz- und Vaterlandsverein* und seinem Vorsitzenden Friedrich Schüler für dieses Datum angekündigtes Volksfest auf dem Hambacher Schlossberg. Schüler und seine Mitstreiter, die Publizisten Philipp Jakob Siebenpfeiffer und Johann Georg August Wirth, wollten damit gegen die strenge Zensur der Presse und die starke Einschränkung der Rechte der Bevölkerung ebenso wie für eine nationale Einheit protestieren. Über 30.000 Menschen folgten ihrem Aufruf und zogen trotz der Warnungen der bayrischen Obrigkeit am 27. Mai 1832 zum Hambacher Schloss.

Es war die Zeit des sogenannten Vormärz, in der die führenden Fürstenhäuser Europas nach dem Sieg über Napoleon *die gute alte Zeit* wiederauferstehen lassen wollten. Der Wiener Kongress 1815, auf dem unter dem prägenden Einfluss des österreichischen Staatskanzlers Fürst von Metternich diese Restaurationspolitik festgelegt wurde, sah auch die Einrichtung einer Bundesversammlung als zentraler Entscheidungsinstanz vor. Dieser ständige Gesandtenkongress aller Mitgliedsstaaten war das oberste Entscheidungsgremium des Deutschen Bundes und tagte ab November 1816 einmal wöchentlich in Frankfurt am Main. Die dort gefassten Beschlüsse waren für alle bindend. Schon im Vorfeld des Hambacher Festes zeichnete sich die zunehmend offene restriktive Politik dieses Gremiums ab. So hatten zu der Sitzung der Bundesversammlung vom 27. Oktober 1831 *Einwohner einzelner deutscher Städte* ihre Vorstellungen in Bezug auf die *gemeinsamen öffentlichen Angelegenheiten Deutschlands* vorgebracht. Die Versammlung reagierte mit dem sofortigen Verbot solcher gemeinsamer Erklärungen, da *das Sammeln der Unterschriften zu dergleichen … vielmehr nur als ein, die Autorität der Bundes-Regierungen und die öffentliche Ordnung und Ruhe gefährdender Versuch … anzusehen sei.* Damit nicht weiterer *ungesetzlicher, mit der Stellung der Unterthanen zu ihren Regierungen unvereinbarer Einfluss* ausgeübt würde, wurden die verschiedenen Bundesregierungen angewiesen, den Verbotsbeschluss öffentlich bekannt zu machen und die *geeigneten Verfügungen* zu treffen. Am 2. März 1832 folgte die Bekanntmachung von Schriften, die sich laut Beschluss der Bundesversammlungs-Kommission für Presseangelegenheiten in Rheinbaiern *missbräuchlich* betätigt hatten. Die Zeitungen *Die Deutsche Tribüne* und der *Westbote* waren ebenso wie das in Hanau erscheinende Blatt *Die Neuen Zeitschwingen* fortan verboten. Auch wurde ihren Herausgebern Wirth, Siebenpfeiffer und Georg Stein nach § 7 des *provisorischen Preßgesetzes* vom 20. September 1819 für alle Bundesstaaten untersagt, binnen fünf Jahre bei der Redaktion einer ähnlichen Zeitung mitzuwirken.

Begründet wurde dieses Verbot mit dem Argument, *dass diese Zeitblätter die Würde und Sicherheit des Bundes und einzelner Bundesstaaten verletzen, ... die Autorität der Regierungen zu vernichten trachten, die Unverletzlichkeit der Fürsten angreifen ... eine politische Umgestaltung Deutschlands und Anarchie herbeizuführen und staatsgefährliche Vereine zu bilden und zu verbreiten suchen.* Zur Einhaltung dieses Preßgesetzes waren von Seiten der Regierungen Zensoren eingesetzt. Ihre Aufgabe war es, über die Rechtmäßigkeit der abgedruckten Inhalte zu befinden und das *verführerische Beispiel einer zügellosen Presse in die gesetzlichen Schranken zurückzuführen.* Doch auch die studentischen Verbindungen, die Burschenschaften, die insbesondere durch ihre mitgeführten Fahnen (schwarz-rot-gold) der Freiheitsbewegung über den Tag hinaus ihr Symbol verleihen sollten, bekamen die Restriktionen der Obrigkeit zu spüren. Im April 1833 ließ der preußische Justizminister von Kamptz bekanntgeben, dass die Mitglieder von Burschenschaften, da ihnen eine *politische Tendenz* unterstellt werden könne, grundsätzlich vom Staatsdienst auszuschließen seien. Auch verstärkte Grenzkontrollen waren

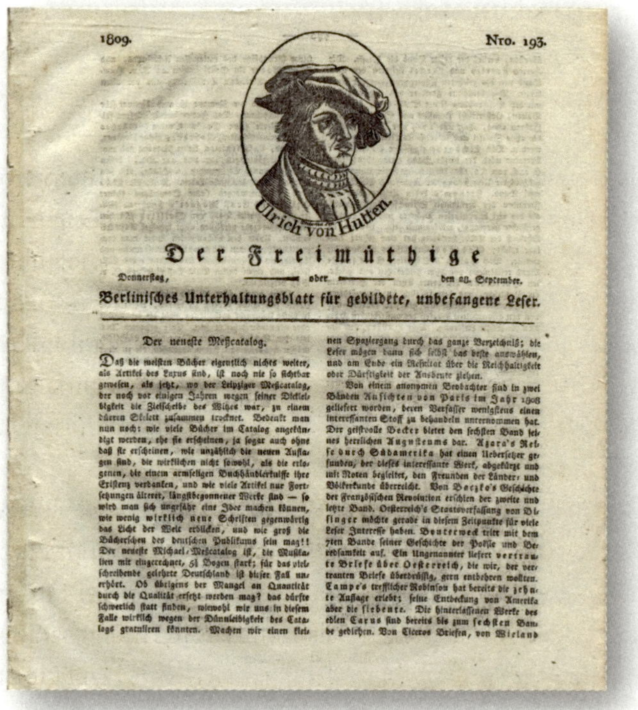

1809. Nro. 193.

Ulrich von Hutten.

Der Freimüthige

Donnerstag, —— oder —— den 28. September.

Berlinisches Unterhaltungsblatt für gebildete, unbefangene Leser.

Der neueste Meßcatalog.

Daß die meisten Bücher eigentlich nichts weiter, als Artikel des Luxus sind, ist noch nie so sichtbar gewesen, als jetzt, wo der Leipziger Meßcatalog, der noch vor einigen Jahren wegen seiner Dickleibigkeit die Zielscheibe des Witzes war, zu einem dürren Skelett zusammen trocknet. Bedenkt man nun noch: wie viele Bücher im Catalog angekündigt werden, ehe sie erscheinen, ja sogar auch ohne daß sie erscheinen, wie unzählich die neuen Auflagen sind, die wirklichen nicht sowohl, als die erlogenen, die einem armseligen Buchhändlerkulisse ihre Existenz verdanken, und wie viele Artikel nur Fortsetzungen älterer, längstbegonnener Werke sind — so wird man sich ungefähr eine Idee machen können, wie wenig wirklich neue Schriften gegenwärtig das Licht der Welt erblicken, und wie groß die Bücherscheu des deutschen Publikums sein mag!! Der neueste Michael-Meßcatalog ist, die Musikalien mit eingerechnet, 5½ Bogen stark; für das vielschreibende gelehrte Deutschland ist dieser Fall unerhört. Ob übrigens der Mangel an Quantität durch die Qualität ersetzt werden mag? das dürfte schwerlich statt finden, wiewohl wir uns in diesem Falle wirklich wegen der Dünnleibigkeit des Catalogs gratuliren könnten. Machen wir einen kleinen Spaziergang durch das ganze Verzeichniß; die Leser mögen dann sich selbst das beste auswählen, und am Ende ein Resultat über die Reichhaltigkeit oder Dürftigkeit der Ausbeute ziehen.

Von einem anonymen Beobachter sind in zwei Bänden Ansichten von Paris im Jahr 1808 geliefert worden, deren Verfasser wenigstens einen interessanten Stoff zu behandeln unternommen hat. Der geistvolle Becker bietet den sechsten Band seines herrlichen Augusteums dar. Azara's Reise durch Südamerika hat einen Uebersetzer gefunden, der dieses interessante Werk, abgekürzt und mit Noten begleitet, den Freunden der Länder- und Völkerkunde überreicht. Von Baczko's Geschichte der französischen Revolution erschien der zweite und letzte Band. Oesterreich's Staatsverfassung von Dlsinger möchte gerade in diesem Zeitpunkte für viele Leser Interesse haben. Bouterweck tritt mit dem 7ten Bande seiner Geschichte der Poësie und Beredsamkeit auf. Ein Ungenannter liefert vertraute Briefe über Oesterreich, die wir, der vertrauten Briefe überdrüssig, gern entbehren wollten. Campe's trefflicher Robinson hat bereits die zehnte Auflage erlebt; seine Entdeckung von Amerika aber die siebente. Die hinterlassenen Werke des edlen Carus sind bereits bis zum sechsten Bande gediehen. Von Ciceros Briefen, von Wieland

»Der Freimüthige. Berlinisches Unterhaltungsblatt für gebildete, unbefangene Leser vom 28. September 1809«, wurde nicht verboten.

jetzt die Regel und die Grenzbeamten in Saarbrücken wurden darauf hingewiesen, *alle, besonders aber die französischen Reisenden, welche mit Pässen aus der Schweiz versehen sind, aufmerksam [zu] beobachten.* Auch die aus Belgien kommenden Reisenden sollten besonders kontrolliert werden und im Zweifelsfall galt die Vorschrift: *Erregen sie aber den Verdacht, bei einem revolutionären Treiben betheiligt oder überhaupt einem unerlaubten Vereine angehörig zu sein, so sind ihre Papiere in Beschlag, sie selbst aber von Polizei wegen in Verhaft zu nehmen.*

INFOBOX

In zeitlicher Nähe zum Hambacher Fest wurden beispielsweise folgende Schriften verboten:

»Der Freisinnige«, Baden, hrsg. von Friedrich Wagner.

»Der Wächter am Rheine«, Baden, hrsg. von Friedrich Schlund.

»Allgemeine politische Annalen«, in der Cottaschen Buchhandlung München und Tübingen erscheinende Zeitschrift, hrsg. von Carl von Rotteck.

»Der Volksfreund«, Hildburghausen, hrsg. von Joseph Meyer. *(Er war auch der Herausgeber von »Meyer's Conversationslexikon«).*

»Neckarzeitung«, Stuttgart, hrsg. von Carl Schill und Heinrich Elsner.

»Der Beobachter in Hessen bei Rhein«, Darmstadt, hrsg. von H. Hoffmann.

»Das neue hessische Volksblatt«, Darmstadt, hrsg. von C. W. Lange.

»Das constitutionelle Deutschland«, Straßburg, hrsg. von G. Silbermann.

KEIN SOMMER AN SAAR UND MOSEL

Der Vulkan Tambora liegt im heutigen Indonesien.

Der Ausbruch des Vulkans Tambora, der im April 1815 das Inselreich um Java erschütterte, sollte auch für die Menschen an Saar und Mosel katastrophale Folgen haben. Bei der Explosion gelangten über 150 Millionen Tonnen Gestein und Asche in die Atmosphäre und verdunkelten im Umkreis von 500 Kilometern drei Tage lang die Sonne. Durch die Luftströmungen wurden die Staubteilchen wie ein Schleier um die ganze Erde verteilt. Sie verursachten eine Klimaveränderung, die vor mehr als 200 Jahren in Mitteleuropa und Amerika einen *Vulkanischen Winter* hervorrief. Das Jahr 1816 wurde zum kältesten Jahr seit Beginn der Wetteraufzeichnungen. Die Menschen in der Region bekamen die Auswirkungen des Klimawandels deutlich zu spüren.

Im März 1816 hatte es begonnen, merklich kälter zu werden und das ganze Frühjahr hindurch regnete es. Im Frühsommer sank die Schneefallgrenze unter 800 Meter und Unwetter mit Graupel und Hagel ließen viele Flüsse über die Ufer treten. Der im August einsetzende Frost vernichtete fast die gesamte Ernte. Als Folge setzte eine außergewöhnliche Teuerung für alle Bodenerzeugnisse ein. An den Marktorten Saarbrücken und Saarlouis verdoppelte sich der Preis für einen Scheffel Weizen und Gerste und stieg auf über vier Taler. Für Roggen und Erbsen musste dreimal soviel bezahlt werden. Der Preis für Kartoffeln erfuhr eine Steigerung von über 500 Prozent. Die Weinernte fiel vollständig aus. Die Schafe, die sich sonst auch von wildem Thymian ernährten, fanden kein ausreichendes Futter mehr. Ihre Zahl ging innerhalb eines Jahres um 12.000 Tiere zurück und auch beim Schweinebestand war 1816 ein Verlust von über 5.000 Tieren zu verzeichnen. Auch 1817 hielt diese außergewöhnliche Teuerung noch an und die preußische Regierung reagierte auf diese Notlage der Bevölkerung, indem sie zwei Millionen Taler für die Beschaffung von Roggen und anderen Lebensmitteln zur Verfügung stellte.

Dabei waren nach der Aufnahme der preußischen Verwaltungstätigkeit im Regierungsbezirk Trier am 22. April 1816 neben den Versorgungsproblemen durch den plötzlichen Klimawandel auch die Belastungen aus der ehemals französischen Herrschaft zu bewältigen. So hatten beispielsweise viele Gemeindewaldungen im Hunsrück und in der Eifel unter der französischen Forstverwaltung stark gelitten und manche Eichenwälder bestanden am Ende nur noch aus Niederwald. Viele Gemeinden verfügten dadurch nur über beschränkte Nutzungs- und Einkunftsmöglichkeiten. Doch auch die Erkenntnisse zu Ertragssteigerungen des Bodens waren noch nicht weit verbreitet. Auf den gemeindeeigenen Wiesen- und Heideflächen wurde vielerorts eine Schiffelwirtschaft betrieben. Noch heute weisen Ortsbezeichnungen, beispielsweise die einer Straße in St. Ingbert, auf diesen Zusammenhang hin. Beim sogenannten *schiffeln* wurde die oberste Schicht der Grasflächen abgestochen und diese *Plaggen* zu Haufen von etwa 1 ½ Meter Durchmesser aufgeschichtet. In einem nächsten Arbeitsschritt zündete man die zwischenzeitlich durchgetrockneten Rasenstücke an und ließ sie vollständig verbrennen. Im Herbst wurde mit dieser Asche gedüngt, bevor dann als erste Einsaat Roggen aufgebracht wurde. Im zweiten Jahr folgte Hafer

Ausbruch des Vesuv im Jahre 1822.

und im dritten Jahr Buchweizen, das sogenannte *Heidekorn*. Danach war das Land vielfach so stark ausgelaugt, dass kein nennenswerter Ertrag mehr möglich war. Insgesamt erbrachte die Schiffelwirtschaft nur einen kurzfristigen Erfolg und zur Erneuerung der Plaggenschicht war anschließend eine Brache von 15 bis

20 Jahren erforderlich. In dieser Zeit nutzte man das Schiffelland als magere Weide für das Vieh.

Da durch diese Form der Brandwirtschaft keine deutliche Verbesserung der Kornerträge erzielt werden konnte, musste Getreide eingeführt werden. Eine Übersicht über die Ein- und Ausfuhrmengen für die Rheinprovinz zwischen 1827 und 1832 weist besonders für Saarbrücken eine starke Einfuhr von Weizen, Roggen, Gerste und Hafer aus. Insgesamt wurden über die Hauptsteuerämter Koblenz, Neuwied, Kreuznach und Saarbrücken in diesem Zeitraum mehr als 320.000 Scheffel Weizen, fast 330.000 Scheffel Roggen sowie fast 580.000 Scheffel Gerste eingeführt. Der Mangel an Brotgetreide führte in der Folge zu Vorschlägen, das Brot auch aus anderen Zutaten herzustellen. So fand sich in den amtlichen Mitteilungen vom 20. Mai 1847 die Bekanntmachung, wie Brot aus Queckenwurzel zu bereiten wäre. Für diesen Zweck sollten die Quecken, nachdem sie gereinigt und getrocknet waren, zu Mehl gemahlen werden. Mit einem gleichen Teil Roggenmehl vermischt ließe sich daraus ein Brot backen, das *keine Spur eines Gesundheit schädlichen Stoffes, vielmehr viel Schleimzucker, neben Extractiv-Eiweiß und Faserstoff* enthalte und darum *nicht nur gesund, sondern zugleich nährend* sei.

Doch auch der in verschiedenen Jahren zu verzeichnende Ausfall in der Kartoffelernte führte staatlicherseits zu Überlegungen, wie der Mangel an Nahrungsmitteln auszugleichen wäre. So lautete eine Empfehlung des Königlichen Landes-Ökonomie-Kollegiums in Berlin, beispielsweise im zeitigen Frühjahr *eine vermehrte*

Aussaat von frühreifenden Gewächsen ... als: Mai-Rüben, Wasserrüben, Stoppel-Rüben, Kohlrabi und selbst Moor-Rüben als möglichen Ersatz vorzunehmen.

Daneben sollte durch die Züchtung und Anpflanzung von Obstbäumen die Versorgungssituation verbessert werden. Die *Beförderung eines so wichtigen Industriezweiges* hatte die preußische Regierung insbesondere den Lehrern angetragen und sie bewilligte denjenigen eine jährliche Prämie, die sich dabei *besonders thätig bewiesen haben*. Für das Jahr 1825 konnten so die Lehrer Theobald aus Fraulautern, Lamp aus Nalbach, Sehn aus Quierschied, Job aus Eiweiler, Altpeter aus Dirmingen, Neu aus Stennweiler, die Lehrer Groß aus Fürth und aus Hilbringen sowie der Lehrer Nikolas Rohr aus Wahlen jeweils fünf Taler als Belohnung für ihre Bemühungen in Empfang nehmen. Ein Jahr später waren neben verschiedenen Lehrern auch der Bürgermeister Scheier aus Tholey und aus Ottweiler der Kaufmann Leydorf, ebenso wie der Gastwirt Haas unter den Geehrten.

Die dramatische Verteuerung der Grundnahrungsmittel, die nach dem Vulkanausbruch in der Südsee eintrat, endete 1819 und die Preise stabilisierten sich. Auch die klimatischen Verhältnisse in der Region entsprachen wieder dem Jahresmittel, das der Apotheker Löhr aus Trier in seinen Wetteraufzeichnungen so beschrieb: *103 heitere Tage, 89 gemischte Tage, 173 trübe Tage, davon 132 mal Regen*.

❦

KIRMES, GAUKLER, VAGABUNDEN

Die katholische Kirche in Ottweiler in der Wilhelmstraße (heute Wilhelm-Heinrich-Straße).
Postkarte ca. 1939.

Die Einsegnung der neuen katholischen Kirche in Ottweiler am 20. September 1835 wurde ein großes Fest. Auf Antrag der Kreis- und Ortsbehörde war zudem einer der beiden jährlichen Krammärkte auf den folgenden Montag nach der Feier verlegt worden. Fortan sollte dieser Markt immer nach dem Patronatsfest Mariä Geburt am 8. September abgehalten werden.

Seit dem Mittelalter wurde die *Kirchmesse,* Kirmes oder Kermes, anlässlich der Weihe einer christlichen Kirche gefeiert oder zum Namenstag des Schutzpatrons abgehalten. Die Pflege von regionaltypischen Bräuchen wie das Aufstellen eines Kirmesbaumes gehörten ebenso zu diesem Anlass wie der Markt mit Händlern aus der nahen und ferneren Umgebung. Vielfach wurden spezielle Waren nur dann angeboten, und der Nachrichtenaustausch bedeutete eine nützliche Informationsquelle. Ähnlich wie die Kirmes stellte der jährliche Markt, der Jahrmarkt, ein wichtiges Ereignis im städtischen oder dörflichen Leben dar. Zurückgehend auf das mittelalterliche, vom Landesherrn verliehene Recht, einen Markt abzuhalten, wurden auf den Jahrmärkten neben den saisonalen Produkten wie Obst und Gemüse immer auch *Kramwaren,* angeboten. Unter diesem Oberbegriff waren *grobe, kurze Waren* zusammengefasst, die beispielsweise aus Materialien wie Leder, Stroh, Papier, Glas oder Eisen gefertigt waren. Hüte, Kämme, Nadeln oder Spielzeug gehörten ebenso zu den Kramwaren wie die Holzuhr und die Meerschaumpfeife.

Das Interesse an diesen Märkten war groß und für 1850 waren für die Region mehr als 190 Vieh- und Krammärkte angesetzt.

Allein siebzig davon wurden im damaligen Kreis St. Wendel abgehalten, wobei sich in St. Wendel selbst die Anzahl auf sechs Vieh- und Krammärkte und zwölf Viehmärkte im Jahr belief. Hinzu kam noch *wöchentlich an jedem Donnerstag ein Schweinemarkt.* Jeweils im Frühjahr und im Herbst fanden in Illingen, Rehlingen und Dillingen die Märkte statt. In Mettlach wurde nur ein Vieh- und Krammarkt am Montag nach Christi Himmelfahrt abgehalten und in Konfeld am Montag nach St. Johannes Baptist (7. April). Auch in Fraulautern (Montag nach Dreifaltigkeit), Berus (dritter Montag im September), Dirmingen (Fastnachtsdienstag) und Hülzweiler (Tag nach Laurentius) fand nur ein Markt statt. Für Ottweiler war neben den zwei Krammärkten noch ein Vieh- und Krammarkt am Montag vor Palmsonntag festgelegt. Daneben wurde dort, ähnlich wie in Tholey und in Merzig, in jedem Monat ein Viehmarkt abgehalten. In Wadern belief sich die Zahl der Schweinemärkte auf vierundzwanzig. Am 30. Juli 1835 hatte der Oberpräsident der Rheinprovinz dazu verfügt, ... *daß in Wadern, Kreis Merzig, ein zweiter Schweine-Markt am dritten Dienstage eines jeden Monats, jedoch mit Ausschluß alles andern Handels, abgehalten werden darf.* In Völklingen und Heusweiler konnte viermal im Jahr Vieh auf dem Markt gehandelt werden, ebenso in St. Johann, wo zusätzlich auch Kramwaren angeboten werden durften. In Saarbrücken wurden die drei Märkte am ersten Dienstag nach Neujahr, im Mai und nach Michaeli (29.September) abgehalten.

Neben den verschiedenen Händlern, die oftmals nur bei dieser Gelegenheit anzutreffen waren, boten Kirmes und Jahrmarkt auch immer vielfältige Attraktionen durch die reisenden Künstler. Zum Beispiel den Marionettenspieler Karl Brand aus Gerterode in Thüringen, der im April 1835 seine Künste auf dem Frühjahrsmarkt in Saarlouis zeigte. Dieser Krammarkt fand als einer der vier jährlichen Märkte immer 14 Tage vor Ostern statt und Brand hatte bei seinem Aufenthalt seinen Gewerbeschein verloren. Diese Legitimation war notwendig für die *umherziehenden Künstler* und wurde entsprechend der Darbietung für ein bis drei Jahre vom preußischen Polizeiministerium ausgestellt. Die ausgestellten Konzessionen belegen, dass auch Friedrich Knie, ein Vorfahr der Begründer des Schweizer Nationalzirkus Knie, schon 1818 auf den Jahrmärkten der Region seine *gymnastischen Künste* aufführte. Daneben präsentierte sich Alexandre de Wattemar aus Paris als Bauchredner und ein Mathias Schu beeindruckte sein Publikum durch das *Vorzeigen eines zahmen Wolfes, eines spanischen Widders und eines Hundes mit zwei Füßen*. Besonders die Darbietungen mit *wilden Tieren* fanden großen Anklang und insbesondere für das *fahrende Volk* fand sich hier eine Verdienstmöglichkeit. Doch auch einzelne Reisende wie die 26 Jahre alte Theresia Schröder aus Kleve am Niederrhein versuchten sich mit dem *Gewerbe, ausländische Thiere im Umherziehen zu zeigen,* ihren Lebensunterhalt zu sichern. Am 31. März 1830 hatte ihr Ehemann eine Vermisstenanzeige für sie und die siebenjährige Tochter aufgegeben, da er über ein halbes Jahr nichts mehr von ihnen gehört hatte und das Schlimmste befürchtete. Sie wollten auf den hiesigen Jahrmärkten Theatervorstellungen mit einem abgerichteten Papageien geben und zu

Jahrmarkt auf dem Lande. Postkarte von 1900.

ihrer Ausrüstung gehörte neben dem Vogel noch *dessen Abbildung ... und die Vorhänge, womit das Theater bei den Vorstellungen gedeckt wird*. Doch nicht nur die Künstler benötigten einen Gewerbeschein, sondern auch die Hausierhändler und die Höker, die nur auf den Märkten ihre Waren anboten, brauchten für ihre Verkaufsgeschäfte eine Legitimation. Verstöße gegen diese Auflage wurden von Seiten der preußischen Verwaltung rigoros geahndet. So erhielt der Müller Balthasar Pierron von der Hochwiesmühle am 7. Mai

1856 eine diesbezügliche gerichtliche Vorladung. Ihm wurde vorgeworfen, auf den Märkten im Kreis Ottweiler *Mehl zum Verkaufe angeboten, resp. verkauft zu haben, ohne im Besitze des hierfür erforderlichen Gewerbescheins gewesen zu sein*. Erschwerend kam für ihn hinzu, dass er die Gendarmen Gehring und Haacke von Schiffweiler *zur Unterlassung der Anzeige obigen Vergehens durch Hingabe von fünf Thalern zu bestimmen* versucht hatte.

WISSEN UND KÖNNEN DURCH REGELMÄẞIGEN SCHULBESUCH

Neues Gymnasium in Coblenz. *Postkarte um 1900.*

Das neue Regelwerk, das am 4. Juni 1834 vom preußischen Ministerium für Unterrichtsangelegenheiten veröffentlicht wurde, ließ keinen Zweifel an den geforderten Kenntnissen der Prüflinge: *Der Zweck dieser Prüfung ist, auszumitteln, ob der Abiturient den Grad der Schulbildung erlangt hat, welcher erforderlich ist, um sich mit Nutzen und Erfolg dem Studium eines besonderen wissenschaftlichen Faches widmen zu können.*

Dazu legte das *Reglement für die Prüfung der zu den Universitäten übergehenden Schüler* detailliert die Gegenstände, Maßstäbe und Grundsätze fest, die der königliche *Provinzial-Schul-Commissarius* und die übrigen Mitglieder der Prüfungskommission fortan beachten sollten. Grundsätzlich sei bei dem ganzen ... *Prüfungs-Geschäft alles zu vermeiden, was den regelmäßigen Gang des Schul-Cursus stören und die Schüler zu dem Wahne verleiten könnte, als sei ihrerseits bloß zum Bestehen der Prüfung während des letzten Semesters ihres Schulbesuchs eine besondere, mit außerordentlicher Anstrengung verbundene Vorbereitung nötig und förderlich.*

Vielmehr sollte sich der Abiturient durch einen regelmäßigen Schulbesuch über die Jahre sein Wissen und Können erwerben, da sich ... *eine solche Bildung nicht durch eine übermäßige Anstrengung während der letzten Monate vor der Prüfung, noch weniger durch ein verworrenes Auswendiglernen von Namen, Jahreszahlen und unzusammenhängenden Notizen erjagen [lässt]* ... Um einen Überblick über den Kenntnisstand der Abiturienten zu erhalten, waren an drei Tagen schriftliche Prüfungen vorgesehen. So lautete in Deutsch die Aufgabe, fünfstündig einen Aufsatz *in einer natürlichen, fehlerfreien, dem*

Gegenstande angemessenen Schreibart abzufassen. In Latein hatte der Prüfling ausgewählte Textstellen aus den Reden des Cicero oder den Oden des Horaz zu bearbeiten, wobei ... *vorzüglich die stilistische Correctheit und Fertigkeit im Gebrauche der lateinischen Sprache* deutlich werden sollte. Drei Stunden waren vorgesehen, um die Textstelle eines Dichters oder Prosaikers *im Ganzen fehlerlos* ins Französische zu übersetzen und in einem ähnlichen Zeitraum sollte in Griechisch beispielsweise einer der kürzeren Platonischen Dialoge auch ohne Vorbereitung bearbeitet werden. Für die Bewältigung der mathematischen Arbeit waren vier Stunden veranschlagt. Hier sollte sich bei der Lösung zweier geometrischer und arithmetischer Aufgaben auch ... *die Leichtigkeit in der Behandlung der Gleichungen des ersten und zweiten Grades und im Gebrauch der Logarithmen* zeigen.

Eine mündliche Prüfung in den genannten Fächern war angesetzt, um das erste Ergebnis *[zu] berichtigen und [zu] ergänzen* und im Weiteren die Kenntnisse im Bereich Religion, Geschichte und Geografie, der *Naturbeschreibung* und der Physik zu ermitteln. Die abschließende Überprüfung in der philosophischen Propädeutik *(wissenschaftliche Einführung)* diente der Bestätigung, ... *ob die Examinanden es in den Anfangsgründen der sogenannten empirischen Psychologie und der gewöhnlichen Logik, namentlich in den Lehren von dem Begriff, dem Urteile und dem Schlusse, von der Definition, Einteilung und dem Beweise zu einem klaren und deutlichen Bewusstsein gebracht haben.* In die Schlussberatung zur Erlangung des Reifezeugnisses ging neben einem allgemeinen *Urteil über den Fleiß, das sittliche Betragen und die Charakter-Reife des Abiturienten* die Bewertung der

Schule in Dudweiler Anfang des 20. Jahrhunderts. An der Wand die Bilder der Kaiser Wilhelm I. (rechts) und Wilhelm II. (Mitte, groß). Foto: Julius Walter.

Geschichtskenntnisse besonders mit ein. Es sollte sichergestellt werden, dass sich der Abiturient neben den verschiedenen Wissensgebieten *eine deutliche und sichere Übersicht der Geschichte der Griechen und Römer, sowie der deutschen und namentlich der brandenburgisch-preußischen Geschichte zu eigen gemacht hat.*

Offenkundig wurde der Stellenwert der altsprachlichen Erziehung für die Kandidaten eines Theologiestudiums noch durch Prüfungen im Hebräischen ergänzt. In Saarbrücken hatte der 1602 verstorbene Graf Philipp III. von Nassau-Saarbrücken schon früh eine lateinische Schule errichtet. Sein Neffe und Nachfolger, Graf Ludwig, begründete 1604 das nach ihm benannte Gymnasium. Im Jahre 1846 wurden hier und an der daran angeschlossenen Realschule 134 Schüler von zwölf Lehrern unterrichtet. Durch die Verbindung dieser Schulen bestand für Realschüler, die später studieren wollten, die Möglichkeit, Griechisch zu wählen.

Graf Ludwig von Nassau-Saarbrücken hatte seine Aufmerksamkeit aber auch der Errichtung von Elementarschulen gewidmet. Im Jahre 1799, während der napoleonischen Verwaltung, betrug ihre Anzahl 514 Schulhäuser im gesamten Saardepartement. Annähernd 28.000 Schüler wurden in dieser Zeit von 762 Lehrern unterrichtet. Daneben gab es eine Sekundärschule mit sechs Klassen in Saarbrücken. Hier erhielten 53 Schüler von drei Lehrern eine Ausbildung in Sprachen, Geografie, Geschichte und Rechnen. Auch die Schule für das Bergwesen, die *École pratique des mines* zu Geislautern, gründete in dieser Zeit und unterstand dem französischen Innenminister.

Nach der Übernahme des Saardepartements durch Preußen im Jahre 1815 sah die gesetzliche Regelung vor, *... daß die Eltern verpflichtet [sind], die Kinder nach vollendetem fünften Lebensjahr zur Schule zu schicken und ... der Schulbesuch so lange fortgesetzt werden [soll], bis das Kind, nach dem Befunde seines Seelsorgers, die einem jeden vernünftigen Menschen seines Standes notwendigen Kenntnisse gefasst hat.* Für die Schulzeit wurde dementsprechend das Alter zwischen dem 6. und dem 14. Lebensjahr festgelegt. Der systematische Ausbau des Schulwesens in preußischer Zeit dokumentierte sich auch in der bis heute noch vorfindbaren Gliederung in Elementarschule, Mittelschule und Höhere Bürgerschule sowie Gymnasium. Im Jahre 1822 besuchten annähernd 47.000 Kinder die 755 Elementarschulen. Bis 1837 hatte ihre Zahl auf 847 Einrichtungen gesteigert werden können, mit einem Verhältnis von 140 evangelischen zu 707 katholischen Schulen. Die Höheren Bürgerschulen waren als Folge der überfüllten Gymnasien eingerichtet worden und sahen spezielle Abschlussprüfungen vor.

Es gab drei Höhere Bürgerschulen im Saardepartement, eine davon in Saarlouis. Hier erteilte im Jahr 1822 ein Lehrer Unterricht für 70 Schüler. Diese Unterrichtssituation verbesserte sich bis zum Jahr 1846, sodass dann für die 40 Schüler zwei Lehrer zur Verfügung standen. Eine ähnliche Unterrichtsversorgung bestand in St. Wendel im Jahr 1837. Hier waren zwei Lehrer und drei Hilfslehrer für 44 Schüler zuständig. Zur Zeit der Sachsen-Coburgischen Regierung wurde diese Schule als *Lyceum* mit einer Bürgerschule und fünf Klassen geführt. Daneben waren von der preußischen Schulverwaltung auch noch Mittelschulen eingerichtet, wie die in Ottweiler, an der im Jahre 1843 ein Lehrer 18 Schüler unterrichtete. Auch in Saarbrücken gab es eine Mittelschule, die zur Ausbildung von Bergleuten bestimmt war. Im Jahre 1846 waren hier 34 Schüler bei einem Lehrer und drei Hilfslehrern eingeschrieben. Nur für Mädchen waren die Industrieschule zu Dudweiler und die höhere Mädchenschule in Saarbrücken eingerichtet.

In Saarlouis errichtete der Kommunal-Bauhandwerker Birck im Oktober 1842 eine Bauhandwerkerschule. Annähernd 20 angehende oder auch ältere Bauhandwerker erhielten hier von zwei Lehrern Unterricht im Rechnen, Zeichnen und Projektieren.

Mit dem Ziel, junge Männer theoretisch und praktisch für die Landwirtschaft auszubilden, wurde im Oktober 1846 in Merchingen eine Ackerbau-Schule eröffnet. Der dortige Pfarrer Matthias Deutsch leitete sie mit Unterstützung der staatlichen Schulbehörden. Insbesondere auf dem Lande war durch die anfallenden Arbeiten der Schulbesuch oftmals unregelmäßig. Da auch von staatlicher Seite akzeptiert wurde, *... [daß] es bei einigen Vorfällen im Leben den Eltern nicht verwehrt werden kann, ihre schulpflichtigen Kinder zu Hause zu behalten ...*, waren die Ortspfarrer ermächtigt, die Kinder vom Unterricht zu befreien. Um Missbräuchen jedoch vorzubeugen und auch um einen Überblick über den Schulbesuch zu erhalten, verfügte das preußische Schulministerium am 17. Oktober 1829, *... daß auch diejenigen Schüler, die durch ihren Pfarrer vom Schulbesuch für einige wenige Tage entbunden werden, als abwesend in die Versäumnislisten ... eingetragen werden sollen ... Diese [Eintrags-] Berechtigung darf von demselben keinem andern, am wenigsten den Schullehrern übertragen werden.*

❦

Klassenfoto einer Volksschulklasse in Dudweiler 1919. Nach dem Ende des Ersten Weltkriegs war die Armut derart groß, dass die Schüler zumeist barfuß und oftmals mit selbst geschneiderter Kleidung zur Schule gingen. Foto: Julius Walter.

VON KINDERARBEIT UND DIENSTVERHÄLTNISSEN

Die Geschichte von Paulinchen, die durch den unvorsichtigen Umgang mit Zündhölzern in Brand gerät und dann dadurch stirbt, wurde von dem Frankfurter Arzt Dr. Heinrich Hoffmann für das Bilderbuch »Der Struwwelpeter« geschrieben. Das erfolgreiche in viele Sprachen übersetzte Kinderbuch erschien erstmals 1845. Das Buch war wegen der drastischen Darstellung der Folgen von kindlichem Nichtbefolgen elterlicher Anweisungen pädagogisch nicht unumstritten.

Aus: Hoffmann, Dr. Heinrich: Der Struwwelpeter.

Es war ein tragischer Unglücksfall und die preußische Regierung nahm ihn zum Anlass, eine *Warnung für Eltern* zu veröffentlichen. Am Mittag des 27. Dezember 1837 hatte die Ehefrau des Tagelöhners Johannes Nicolas Becker in Sitzerath die Wohnung verlassen, um im Bach die Wäsche zu waschen. Zwei ihrer kleinsten Kinder, beide unter drei Jahre alt, überließ sie der Aufsicht der siebenjährigen Tochter Margaretha. Als das Feuer im Ofen vor dem Ausgehen war, hatte das Mädchen es mit einem Schwefelholz wieder anzünden wollen. Dabei war ihr Kleid in Brand geraten. Auf die Hilferufe hin eilte der in der Nähe auf dem Feld arbeitende Michel Resch aus Sitzerath herbei und konnte das Feuer zwar löschen. Die Verletzungen des Kindes waren jedoch so schwer, dass dieses am nächsten Tag starb. Für die offiziellen Stellen war dieser Vorfall ein Beispiel, nochmals auf die Aufsichtspflicht der Erziehungsberechtigten hinzuweisen und ihnen dabei ... *die größte Vorsicht dringend ans Herz zu legen*. Doch manche Eltern waren dazu unter dem Druck der schlechten wirtschaftlichen Verhältnisse nicht in der Lage. So wurden die Kinder sich selbst überlassen oder auch mit zur Arbeit herangezogen. Die sogenannten *Winterschulen* in den ländlichen Gemeinden trugen dem Umstand Rechnung, dass die Kinder während des übrigen Jahres bei der Feldarbeit mithelfen mussten und für den Schulbesuch keine Zeit übrig blieb. Im Bergbau galt ab 1813, dass für Kinder und Frauen die *eigentlichen Grubenarbeiten in Schächten, Stollen und Strecken* untersagt waren. Noch stärker präzisierte das *Preußische Regulativ* vom 9. März 1839 die gesetzlichen Vorgaben und verbot die Beschäftigung von Kindern unter zehn Jahren. Im Alter zwischen zehn und 16 Jahren durften sie dagegen bis zu zehn Stunden täglich in den Betrieben arbeiten. Erst 1853 wurde das Mindestalter für Fabrikarbeiten offiziell auf zwölf Jahre angehoben. Doch ungeachtet dieser Regelungen sah die Praxis vielerorts anders aus und die preußische Ober-Bergamts-Direktion kritisierte deshalb hinsichtlich der Frauenarbeit, ... *daß die Grubenbesitzer einen Vorteil dabei finden, verschiedene dieser Arbeiten durch Frauenspersonen verrichten zu lassen, aber nicht allgemein die Grenze wahrnehmen, welche polizeiliche Sicherheit und Schicklichkeit bezeichnen, und dadurch bereits Unglücksfälle herbeigeführt worden sind.* Dennoch nahmen viele aus der Not heraus solche risikoreichen Arbeitsmöglichkeiten an. Oder sie suchten einen Ausweg in der Bettelei. Auch wenn dabei das Gefängnis drohte, denn Bettelei war nach den Strafgesetzen untersagt und Eltern, die ihre Kinder zum Betteln anhielten, konnten dafür ebenso strafrechtlich belangt werden. Den Kindern und Jugendlichen, die von der Polizei bettelnd aufgegriffen wurden, drohte die Unterbringung in der Arbeitsanstalt der Rheinprovinz in Brauweiler. Auch der dreizehnjährige Sohn des Tagelöhners Peter Schwenk aus Oberjeckenbach hatte dort im Sommer 1838 einige Monate verbringen müssen, nachdem er von zu Hause fortgelaufen war, um ein *träges und herumziehendes Leben* zu führen. Die Gründe für das Ausreißen der Kinder und Jugendlichen waren damals wie heute vielfältig; elterliche Gewalt spielte sicherlich auch eine Rolle. Offiziell benannt wurde sie im Fall des 9-jährigen Mathias B. aus

Merzig. Der Junge verschwand am 26. Juni 1838 *in Folge erhaltener Züchtigung* aus der Wohnung seiner Mutter und wurde daraufhin von den Polizeibehörden gesucht.

Die Möglichkeit, verwahrloste, verwaiste, arme und verlassene Kinder und Jugendliche aufzunehmen, bestand auch in der Erziehungsanstalt des Landarmenhauses in Trier. Im Jahre 1846 verzeichnete die Anstaltsstatistik mehr als 380 *Eingetretene*, über 280 Insassen mehr als ursprünglich vorgesehen. Fast ein Drittel von ihnen war wegen Bettelei und Landstreicherei überstellt worden und mehr als 100 Kinder und Jugendliche galten als *verwahrlost, hilflos und verlassen*, weitere 50 Minderjährige waren wegen der Haft der Eltern ohne Aufsicht gewesen. In den verschiedenen Bereichen des Landarmenhauses, wie Weberei, Spinnerei, Schuhmacherei oder Schreinerei sollten sie zur Arbeit erzogen und mit erreichtem 16. Lebensjahr dann *bei Handwerkern oder im Gesindedienste* untergebracht werden. Dabei waren die Dienstverhältnisse vielfach autoritär und durch Willkür geprägt. Bis 1918 gestattete die preußische Gesindeordnung die körperliche Züchtigung von Knechten und Mägden durch ihren Dienstherrn. Insbesondere die Frauen mögen sich auch vielfachen Übergriffen ausgesetzt gesehen haben und in den amtlichen Bekanntmachungen finden sich immer wieder die Namen von Mägden, die *unerlaubt* ihre Arbeitsstelle verließen. Ein polizeilicher Steckbrief vom 10. Dezember 1856 führt die Personenbeschreibung von Maria L. Die 26-jährige Dienstmagd aus K. in der Bürgermeisterei Heusweiler war der vorsätzlichen Tötung ihres neugeborenen

Kindes verdächtigt und hatte sich der *wider sie eingeleiteten Untersuchung durch die Flucht entzogen*. Andere Fälle von Kindstötung blieben im Dunkel. So war am 11. April 1838 in den Verkrippungen der Mosel zwischen Zurlauben und Pallien *ein lebloses in einen Sack eingebundenes neugeborenes Kind weiblichen Geschlechts aufgefunden worden*, und zur Aufklärung dieses Falles ersuchte der Königliche Untersuchungsrichter Hack in Trier die Bevölkerung um Mithilfe. Ähnlich verhielt es sich mit der Aussetzung eines *ein bis zwei Wochen alten Mädchens vor dem Barrierehaus zu Pallien*, über die das Amtsblatt am 7. November 1835 berichtete. Wegen eines solchen Deliktes angeklagt wurde am 10. Juni 1837 die Tagelöhnerin Elisabetha K. aus Ehrang und anschließend zu einer Woche Haft oder fünf Talern Geldstrafe verurteilt.

Die schlechten wirtschaftlichen Verhältnisse und die damit verbundene unzureichende Existenzgrundlage führten vielfach zur Versagung der Heiratserlaubnis. Nichtsdestotrotz weist die Bevölkerungsstatistik für das Jahr 1837 im preußischen Regierungsbezirk Trier, wie im 19. Jahrhundert allgemein, einen Geburtenüberschuss aus: ein Prozent in den Städten und 1,2 Prozent auf dem Land. Allgemein waren von den mehr als 2.000 Geburten in den Städten 100 (5 Prozent) unehelich, und mehr als 470 der fast 13.700 Neugeborenen (3,4 Prozent) auf dem Land hatten nicht verheiratete Mütter. Für den Kreis Saarbrücken betrug der Anteil an unehelichen Kindern sechs Prozent, ebenso für die Kreise Ottweiler und St. Wendel. In Saarlouis waren von 100 Geburten vier unehelich und im Kreis Merzig verzeichnet die Statistik zwei Prozent unehelich Geborene. Die rückläufige Quote der Eheschließungen, die sich für 1837 um sechs Prozent verminderte, stand darum nach Ansicht offizieller Stellen *ungeachtet der gestiegenen Seelenzahl ... in einem sehr ungünstigen Verhältnis*.

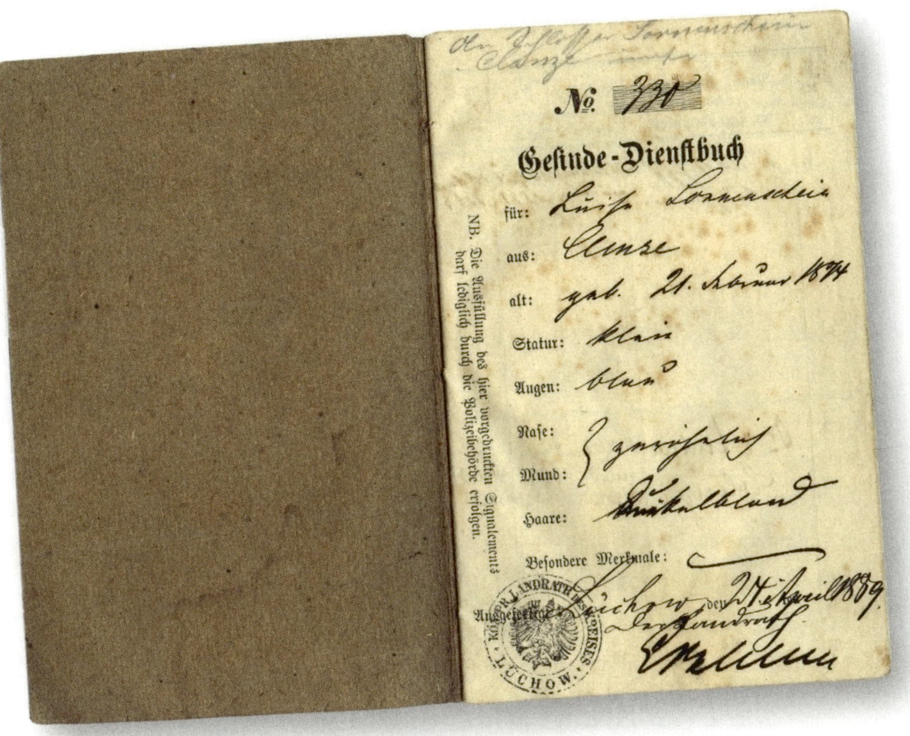

№

Gesinde-Dienstbuch

für:
aus:
alt:
Statur:
Augen:
Nase:
Mund:
Haare:
Besondere Merkmale:
Ausgefertigt Lüchow den 24. April 1889

NB. Die Ausfüllung des hier vorgedruckten Signalements darf lediglich durch die Polizeibehörde erfolgen.

Gesindebuch von Luise Clenze aus Lüchow, ausgestellt am 24. April 1889.

LITERATURVERZEICHNIS

Amtsblatt der königlichen Regierung zu Trier. Jahrgang 1827–30, 1834, 1836,

Amtsblatt der Königlich Preußischen Regierung zu Trier, 1886

Amtsblatt der königlichen Regierung zu Coblenz. Jahrgang 1839, 1857, 1858, 1869, 1871,

Amtsblatt der königlichen Regierung zu Düsseldorf. Jahrgang 1865

Atkinson, E.: Natural Philosophy for general readers and young persons. London 1878

Baersch, Georg: Beschreibung des Regierungs-Bezirkes Trier, Erster Theil. Enthaltend die Verhältnisse des Regierungs-Bezirks in allen seinen Beziehungen. Trier: Lintz 1849

Baersch, Georg: Erinnerungen aus meinem vielbewegten Leben. Als Manuscript für meine Freunde. Aachen: Beaufort 1856

Blattau, Ioannes Iacobus: Statuta Synodialia, Ordinationes et Mandata. Trier: Lintz 1849

Bibliothek des allgemeinen und praktischen Wissens. Leipzig: Bong, 1909

Bibliothek der Unterhaltung und des Wissens, 12 Bd. Leipzig: Union 1894

Brockhaus Konversations-Lexikon, 14. Auflage in 16 Bänden, Leipzig, Berlin und Wien 1895

Brockhaus Kleines Konversations-Lexikon, 5. Auflage, Leipzig 1908

Der Große Herder, 4. Aufl.; Freiburg i. Br. 1933

Großherzoglich Badisches Staats- und Regierungsblatt, Dreißigster Jahrgang Nro. 1 bis 67,1832

Großherzoglich Hessisches Regierungsblatt für das Jahr 1908

Handbuch des Bistums Trier, Trier: Paulinus 1906

Handbuch des Bistums Trier, Trier: Paulinus 1912

Herders Konversations-Lexikon, 3. Auflage, Freiburg i. Br. 1907

Kahnmeyer und Schulze: Anschaulich-ausführliches Realienbuch. Für Berlin und Vororte. 6. Aufl. Berlin, Bielefeld und Leipzig1913

Krass, M; Landois, H.: Der Mensch und das Tierreich in Wort und Bild für den Schulunterricht in der Naturgeschichte, 8. Aufl., Freiburg i. Br. 1887

Öffentlicher Anzeiger zum Amtsblatt der Königlichen Regierung zu Coblenz, 1911

Regierungsblatt für das Königreich Bayern, 1863

Rheingantz, Carlos G.: Die Gründung der Kolonie São Lourenço und ihr Gründer Jakob Rheingantz. Druck Cäsar Reinhardt, Porto Alegre 1907

Rulemann, Theodor (Hrsg): Das große illustrierte Sportbuch, Berlin 1917

Schematismus des Bisthums Trier für das Jahr 1860. Saarlouis: Stein 1860

Schilling, Samuel: Kleine Schul-Naturgeschichte der drei Reiche. Ausgabe A, Breslau 1898

VG Wittlich Land (Hrsg): Peter Zirbes. Eifeldichter und wandernder Steingut-händler aus Niederkail. Druck Nels, Wittlich 1976.

Walser, M.: Die praktische Gesundheitspflege. Regensburg: Habbel 1912

Westermanns Jahrbuch der illustrierten deutschen Monatshefte. 41.Band, Braunschweig 1877

ABBILDUNGSNACHWEIS

Atkinson, E.: **Popular Antural Philosophy**, *London 1878*	97 u
Bibliothek der Unterhaltung und des Wissens; *Leipzig 1894*	116
Brockhaus Konversations-Lexikon, *14. Auflage, Leipzig, Berlin und Wien 1895*	33, 64, 68, 73, 91, 97 o, 136, 138, 142
Der Mensch und das Tierreich, *Freiburg i. Br., 1887*	125
Diercke Schulatlas für Höhere Lehranstalten, *40. Auflage, Braunschweig 1904*	170
Landesarchiv Saarbrücken	20, 26, 103, 185, 189
Rulemann, Theodor: **Grosses illustriertes Sportbuch**, *Berlin 1917*	34, 80, 81
Samuel Schillings Kleine Schul-Naturgeschichte, *Breslau 1898*	14, 19, 24, 110, 173
Stadtarchiv Saarbrücken	39
stockadobe	54
wiki commons	104, 115, 127, 147

***Privatarchive*:**

Dr. Birgit Nolte-Schuster	6, 28, 40, 47, 48, 51, 53, 59, 60, 66, 72, 77, 78, 83, 98, 109, 122, 128, 133, 134, 148, 152, 153, 154, 164, 168, 180, 182, 190, 195
Dr. Wolfgang Hasler, Tholey	84, 86
Thomas Störmer	9, 176
Günter Schuster *(Foto)*	92

ORTSVERZEICHNIS

R

S

ÜBER DIE AUTORIN

Birgit Nolte-Schuster, Dr. rer. pol., Sozialwissenschaftlerin.

Unter anderem Projektentwicklungen im Bereich Migration und Regionalgeschichte:
»Von Heuerleuten und Farmern« – Die Auswanderung aus dem Osnabrücker Land nach Nordamerika im 19. Jahrhundert, (1998).
»Amerika über Bremen« – Die Briefe der Auswanderer, (1999).
»Zur Arbeit nach Holland« – Arbeitswanderung aus der Region Osnabrück zwischen 1750 und 1850, (2001).
»... auf nach Amerika!« – Die Auswanderung aus dem Kreis Bitburg-Prüm nach Nordamerika im 19. Jahrhundert, (2004).
»Auf den Spuren der Eifeler Arbeitswanderer« – Erwerbsmigration im 19. Jahrhundert, (2007).
Verschiedene, die Ausstellungen begleitende Publikationen.
Seit 2002 Arbeit als freie Fachjournalistin, zum Beispiel für **DAMALS**, **Deutsche Seeschifffahrt**, **Deutsches Ärzteblatt**, **HANSA**, **Neue Osnabrücker Zeitung**, **PLANERIN**, **Saarbrücker Zeitung**, **Trierischer Volksfreund**.